ゼロからわかるマネーの常識

NISA、イデコから
保険、税金、住宅ローンまで

日本経済新聞社〔編〕

日本経済新聞出版

まえがき

NISA、年金、住宅ローン、確定申告――。暮らしに役立つ「マネー」の知識はたくさんあります。いずれも生きていく上で非常に大切な情報だということは、疑いがないでしょう。しかし、知識が足りない、内容が難しい、と感じている人は多いのではないでしょうか。

日本にはお金に関する様々な制度や仕組みがあり、上手に使えばお金の心配は大きく減らせます。ただ、知っておくべき知識は非常に幅広く、仕組みはしばしば複雑です。誰かに聞きたくても、自分のお金については聞きづらいということもあるでしょう。

日本経済新聞・日経電子版のコラム「ゼロからわかる」は２０２０年秋に始まりました。「誰かに聞くのはちょっと恥ずかしい」「聞いたことはあるけれど、正しく理解している自信がない」マネーの用語や制度について、できるだけやさしく解説することを目指しました。

世の中にはお金に関する制度や金融商品、サービスを利用する方法や、得するためのコツをまとめた書籍やコンテンツがあふれています。確定申告や相続などの具体的な手続きについて、すぐに役立つよう解説したものも多くあります。

この本を手に取ってほしいのは、そうした情報を難しいと感じている人や、より基本的な仕組みを含め「そもそも」から知りたいと思っている人たちです。

大もうけするためのテクニックは書かれていません。その代わり、お金の話が苦手な人にも読みやすい内容にしています。イラストやグラフをたくさん使い、文章にも工夫を凝らしました。構成はテーマごとのQ&A形式にして、どのページからでも、必要な部分だけ読めるようにしています。どの章も非常に平易なレベルから解説していますが、なぜそうなっているか、今後どのようになるのか、といった要素も入れています。マネーの知識に自信がある人にも「へえ」と思える要素があるはずです。

今回は3年を超える連載の中から、知っておくべき制度や金融商品など約50のテーマを厳選、加筆しました。新社会人をはじめとする、お金の知識を身につけたいと思っている人が知っておくべきマネーの常識は、この1冊で理解できると思います。家計や資産形成にはもちろん、経済ニュースを読み解くときにも役立つでしょう。

この本の置き場所は書斎ではなく、リビングです。お金のことでちょっと不安になったとき、ニュースで知らない言葉が出てきたときに開いて、関心のあるページを読むのがおすすめです。家族でお金の話をするきっかけにするのもよいかもしれません。

お金の知識を身につけることは、豊かで心穏やかな暮らしにつながります。一緒にマネーの常識を学んでいきましょう。

日本経済新聞社「ゼロからわかる」担当デスク　長岡良幸

※登場人物の肩書きは新聞掲載当時のものです

目次

第1章 決済がわかる

第2章 銀行・預金がわかる

第3章 株式投資と企業がわかる

第4章 金融商品がわかる

第5章 社会保障がわかる

第6章 生命保険・損害保険がわかる

第7章 税がわかる

第8章 住宅ローンがわかる

第9章 年金がわかる

第10章 相続がわかる

第1章

決済がわかる

クレジットカードの仕組み
――代金立て替え、支出増も

国内では１人あたり３枚近くを持つとされるクレジットカード。政府が普及を後押しするキャッシュレス決済の中で最も普及している手段といえます。多額の現金を持ち歩かずに済む便利なものですが、使う際には注意も必要です。

Q　なぜカードを使うと買い物ができるのですか。

A　カード会社が代金を立て替えているからです。例えばスーパーなどでカードを使い商品を購入した場合、その時点では店舗（カードの加盟店）にはお金が入らず、後からカード会社が加盟店に代金を支払います。カード会社はその後、カードの持ち主に対し１カ月といった単位で利用額をまとめて請求します。

Q　利用できる額には上限がありますね。

A　カードを作る際には審査があります。申込時には名前や住所のほか、生年月日や勤め

クレジットカードの仕組み

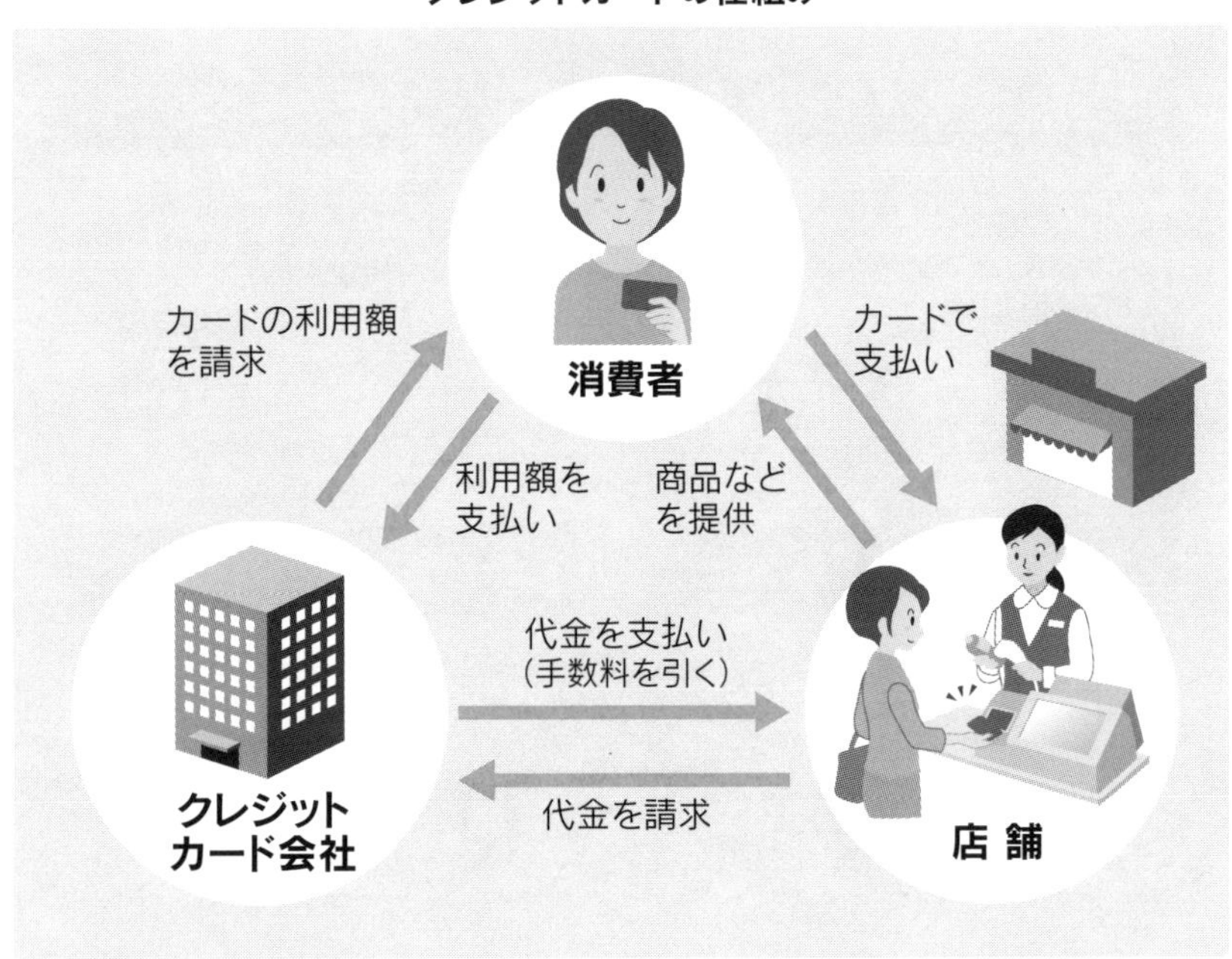

先などを伝えます。こうした情報などを手掛かりにカード会社は利用者ごとにカードで支払いができる「限度額」を設定します。限度額はその後、変わることもあります。

Q 後払いが増えると、お店などに不利になるのでは。

A すぐにお金が入らないという点はそうです。しかし、加盟店は消費者が手持ちの現金がないことを理由に購入を控えるケースを減らせます。カード会社は利用額に応じて加盟店から一定の手数料を受け取ります。カード払いは現金よりも支出が増えやすいとされます。店舗の売り上げが増えれば加盟店とカード会社の双方にメリットがあります。

クレジットカードには様々な種類がある

発行・提携会社	国際ブランド
・流通系、交通系、銀行系など ・特定の店舗や交通手段でポイント加算	・ビザ、マスターカード、JCBなど ・各ブランドの加盟店で利用できる

機能	ランク・利用者
・「タッチ決済」や電子マネーなど ・「ナンバーレス」「カードレス」も	・一般～ブラックまで ・若者向けや家族向け

Q　カードは請求が後になるので使いすぎないか心配です。

A　一般的にカードでの支払額は、指定した銀行口座から引き落とされます。カード会社が立て替えている代金は、消費者からすると借金です。請求額に対し、残高が足りないと返済が滞ったことになります。その場合、速やかにお金を用意して支払いをすれば問題はありません。しかし、長く返済が滞るとカードが使えなくなるほか、信用情報機関に記録が残ることがあります。

Q　信用情報機関とは。

A　個人のローンや借金の情報を集めている団体です。情報は会員であるクレジットカード会社や金融機関などが利用できます。過去に借金の返済が長く滞った実績があると、新たにカードを作ったり住宅ローンな

カードのランクとサービスの例

年会費・サービス	ランク	サービス例
高い・充実	ブラック	年会費は10万円以上。招待されないと持てない。ホテルや航空券の無料アップグレード
	プラチナ	年会費は2万円以上。審査は比較的厳しい。飛行機の予約代行などをするコンシェルジュサービス
	ゴールド	年会費は1万円以上。ポイント還元率は1.0%以上が多い。空港ラウンジの無料利用、海外旅行保険の付帯など
安い・少ない	一般	年会費は無料～2000円程度。有料でも条件を満たせば無料になることも。最も審査が通りやすい。ポイント還元率は0.5%～1.0%が標準

（注）カードの種類によりランクの分け方やサービス内容は異なる

どを組んだりする際に不利になることがあります。

Q **カードを持つことが不安になってきました。**

A 手元のお金に余裕がない人や利用額の管理に自信がない人は慎重に使うべきでしょう。一方でカード払いは現金より有利な点もあります。例えば使った金額に応じてもらえるポイントです。公共料金などをカード払いにすれば、着実にポイントがたまり家計の助けになります。ビザやマスターカードといった「国際ブランド」のカードは海外でも使えます。海外旅行の際に現地の現金を用意する手間を減らせます。

Q **安心して使うためのコツはありますか。**

A 基本は手数料を払わない使い方をすること

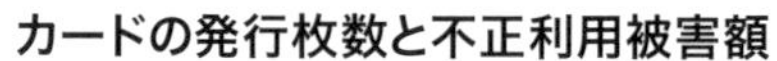

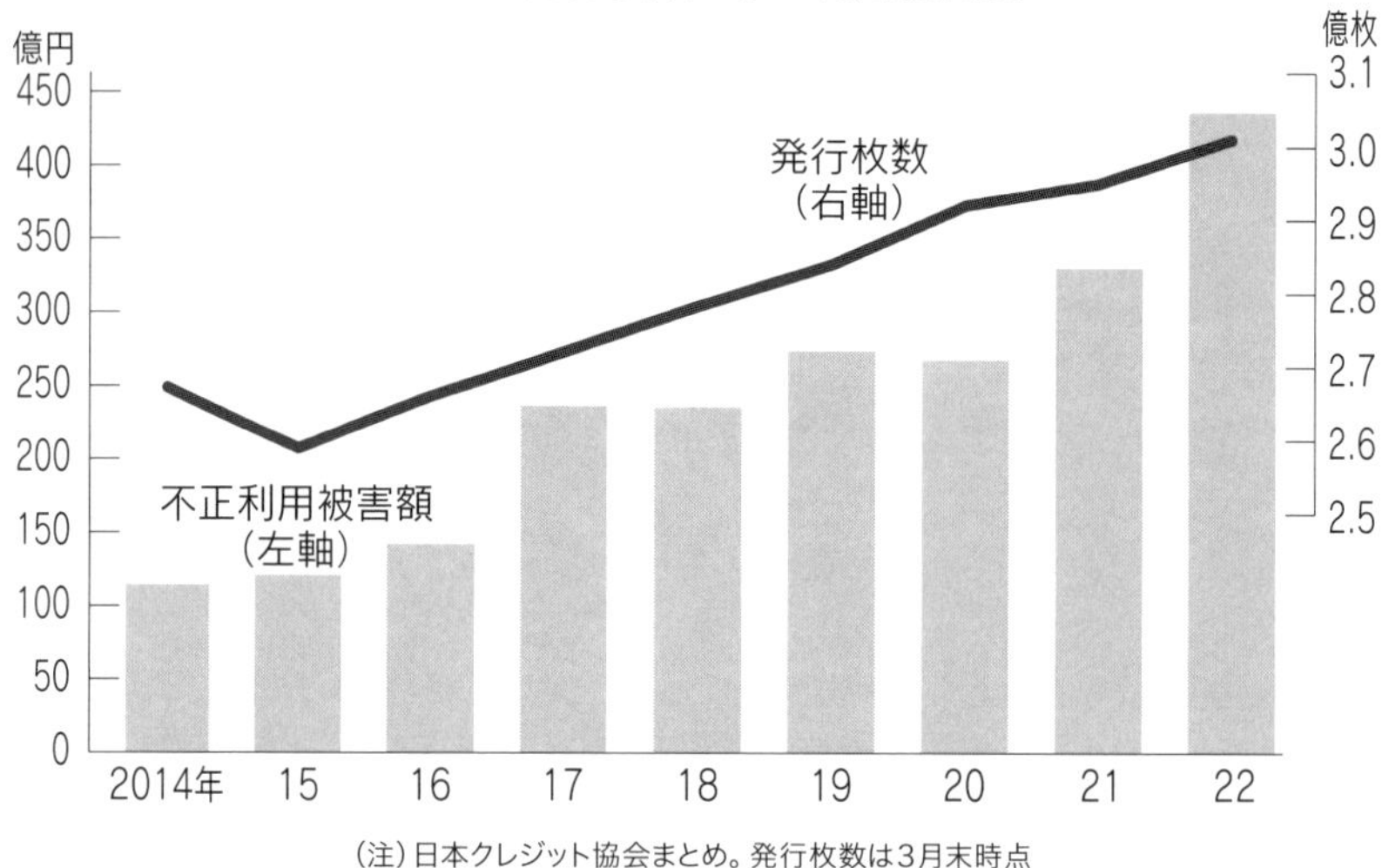

（注）日本クレジット協会まとめ。発行枚数は3月末時点

でしょう。例えば支払い方法を1回払いに限れば手数料がかからず、利用額の管理もしやすいです。一方で毎月定額で返済をする「リボルビング払い」などは手数料が上乗せされるうえ、全体の利用額が分かりにくくなりがちです。

Q　カードを不正に使われるケースが増えていると聞きます。

A　日本クレジット協会の調査によると、カードの不正利用による被害額は２０２２年に約４３０億円でした。インターネットの普及を背景に、カード番号などを不正に取得されるケースが増えているためとみられます。カードの番号や使用期限、裏面にある「セキュリティーコード」は慎重に扱いましょう。適切な管理をしていれば、仮に不正に使われても被害が補償されるケースは少なくありません。

リボ払いの注意点──返済額は一定でも金利高く

クレジットカードの広告などで、しばしば見かけるのがリボルビング払い（リボ払い）の提案です。利用すると多くのポイントを得られるといったキャンペーンもあります。リボ払いとはどんな仕組みなのでしょう。

Q　リボ払いとは何ですか。

A　カードの支払い方法の一つで、基本は利用件数や金額に関係なく、毎月一定額ずつを払います。例えば、20万円の商品を購入した場合、カード会社が立て替えた分を翌月から毎月2万円ずつといった形で返済します。返済時には手数料（金利）が上乗せされるため、返済総額は20万円超、支払い回数は10回以上となります。毎月の支払額は自分で設定します。

Q　分割払いとは違うのですか。

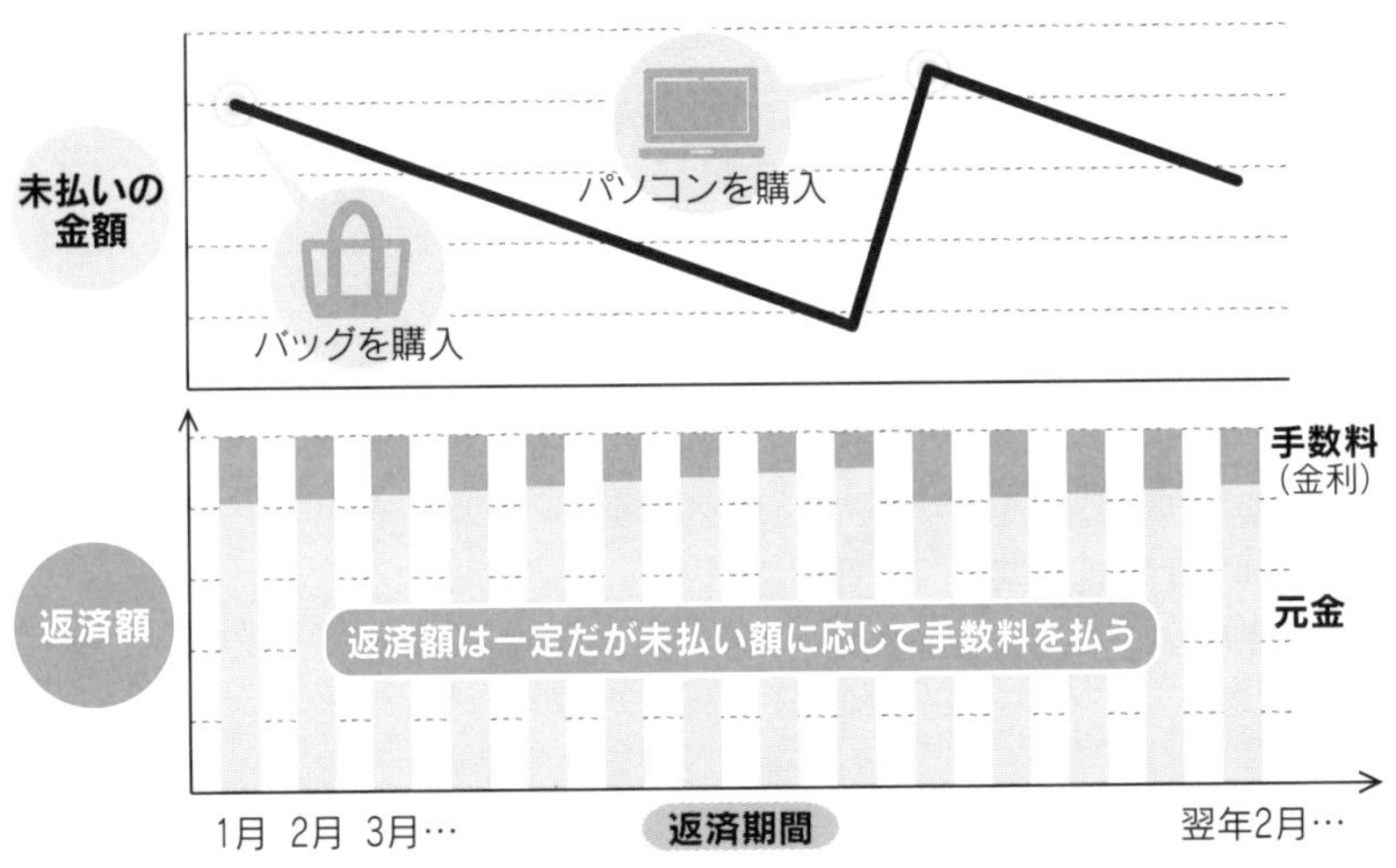

（注）毎月の返済額が手数料込みで一定の場合

A　分割払いは商品の購入時点で支払い回数を決めます。利用額と回数に応じて毎月の返済額は増えます。リボ払いは高額の商品を買っても月々の返済額が一定で、負担感が少ないのが特徴です。ただし、利用額が増えると返済期間が長くなり、その分、手数料も多くなりがちです。リボ払いには未払いのカード利用額の合計（残債）に応じて毎月の支払額が1万円単位などで変わる「残高スライド方式」や、毎月、残債の中から決めた額を返済し、手数料を別途上乗せする方法などもあります。

Q　**手数料の水準は。**

A　カードによって異なりますが、年15％程度が一般的です。例えば20万円の商品をリボ払いで購入し、毎月の支払額が手数料込み2万円としましょう。金利が年15％なら単純計算で当初の1月あたり手数料は約2500円。2万円から手数料分を引いた元金の返済は約1万7500円となります。残債が多いうちは返済額に占める手数料の割合が高くなります。

Q 小さくありませんね。

A リボ払いは返済額が一定という点は分かりやすいのですが「身の丈（返済能力）以上の買い物につながりやすい」とファイナンシャルプランナーの高山一恵氏は指摘します。利用するとポイントの還元率が上がるカードもありますが、それ以上に手数料が膨らめばお得とはいえません。若年層を中心に「便利な部分に着目し、金利を払う『借金』という意識が乏しいまま使う人が少なくない」と高山氏は注意を促しています。

Q 慎重に使わなくてはいけませんね。

A リボ払いと同様の支払い方法は、カード以外の決済サービスにもあります。例えば、メルカリ傘下のメルペイ（東京・港）が提供する後払いの決済サービス「メルペイの定額払い」は、代金を毎月一定額ずつ分けて払えます。その場合、年15％とリボ払いと同水準の手数料がかかります。

デビットカードの機能——即時払い、管理しやすく

キャッシュレス決済が広がっています。クレジットカードや電子マネーなどがよく使われていますが、デビットカードという手段もあります。種類によっては利用できる店舗が多く、支出の管理をしやすいとの声もあります。

Q　デビットカードとは何ですか。

A　店舗での支払いに使えるカードの一つです。買い物をする際にカードを店舗の端末にかざしたり、差し込んだりして使います。代金は自分の銀行口座から引かれます。

Q　クレジットカードのようなものでしょうか。

A　カードを用意する点や使い方はほぼ同じです。しかし、支払いのタイミングが異なります。クレジットカードはいったんカード会社が代金を立て替えます。銀行口座から代金が引かれるのは一括払いの場合で1～2カ月後です。デビットカードは買い物をした時点で口座の残高が減ります。残高を超える支払いや分割払いは原則としてできません。

Q どこで使えるのですか。

A カードの種類により異なります。デビットカードは大きく2つに分けられます。1つが銀行のキャッシュカードに搭載された機能を使う「Jデビット」です。ほとんどの銀行が対応しており、既に持っているキャッシュカードをそのままデビットカードとして使えます。Jデビットを利用できるのは主に百貨店や家電量販店などです。一方で大手コンビニエンスストアやインターネット通販では使えません。

Q もう1種類は。

A 「ブランドデビット」と呼ばれるものです。ジェーシービー（JCB）やビザといった国際ブランドが付いており、その加盟店のほとんどで使えます。海外の店舗やネット通販にも対応します。ただし、利用開始時に取り扱いのある銀行で手続きが必要となることがあります。

Q 使う人は多いのですか。

A 利用者は増加傾向にあります。日銀の調査によると2022年度の決済件数は7億7000万件と、前年度に比べ2割近く増えました。JCBによると「若年層を中心に少額

デビットカードとクレジットカードの違い

	デビットカード		クレジットカード
	ブランドデビット	Jデビット	
支払い方法	即時（一括）		後払い、分割も可能
年齢制限	原則15歳以上	なし	原則18歳以上
年会費・手数料	無料・有料	無料	無料・有料
使える店舗	国内外の国際ブランドの加盟店（一部除く）	国内の家電量販店や百貨店など	国内外の国際ブランドの加盟店
ポイント付与などの還元サービス	導入していることが多い	原則なし	導入していることが多い
借り入れ機能	原則なし	なし	あり

決済などに使う人が増えている」そうです。

Q　便利な使い方はありますか。

A　発行時の審査が原則としてないので、学生でも手軽に使えます。銀行口座の残高から即時で払うため、クレジットカードのように、後からまとまった金額が引き落とされて困る心配がありません。ファイナンシャルプランナー（FP）の八ツ井慶子氏は「毎月の生活費を管理する銀行口座でデビットカードを使えば、月単位の支出を把握しやすい」と話しています。

買い物でもらえる共通ポイント
──ためる・使う、家計に恩恵

店舗などで買い物をするともらえるポイント。コンビニエンスストアや家電量販店など多くの場所で付与され、上手にためれば家計の節約に役立ちます。最近では様々な店舗などでためたり使ったりできる「共通ポイント」も浸透しています。

Q 買い物でポイントをもらえる機会が増えた印象があります。

A ポイントは店舗などが顧客を囲い込む手段として広がりました。ポイントに応じた値引きを約束するなどし、次回の来店につなげるのが狙いです。国内では街の小規模店が発行するものから、クレジットカードの利用に応じてたまるものなど非常に多くの種類があります。国内の企業が発行するポイントは総額で2兆円超との調査もあります。

Q 別の店舗で同じ種類のポイントが使えることもありますね。

A 最近は「共通ポイント」と呼ばれるものを採用するケースが増えています。業態の異

共通ポイントの基本的な仕組み

名称		Ponta	楽天ポイント	dポイント
ポイントがたまる店・サービスの例	携帯電話	■au（KDDI）	■楽天モバイル	■NTTドコモ
	コンビニ	■ローソン	■ファミリーマート	■ファミリーマート ■ローソン
	家電量販店	■ビックカメラ	■ビックカメラ ■エディオン	■ビックカメラ ■エディオン

なる店舗やサービスで同じポイントがたまります。２００３年10月にカルチュア・コンビニエンス・クラブ（ＣＣＣ）系の「Ｔポイント」が登場し、その後、追随する動きが続いています。

Q　共通ポイントにはどんなものがありますか。

A　会員が多いのは「Ｐｏｎｔａ（ポンタ）」や「楽天ポイント」「ｄポイント」などです。また、流通系企業や鉄道会社などが共通ポイントを運営するケースも目立ちます。

Q　その中に自分がためているポイントもあります。

A　消費者からすると、共通ポイントは店舗ごとのものに比べ、ためやすく使いやすいといえます。共通ポイントの中には特定の携帯電話会社やコンビニエンスストアなどと連携するものがあり、利用する店舗の組み合わせ次第で、効率良くポイントをためられます。利用できる場所が多いので、使用期限を過ぎて失効するのを避けやすい面もあり

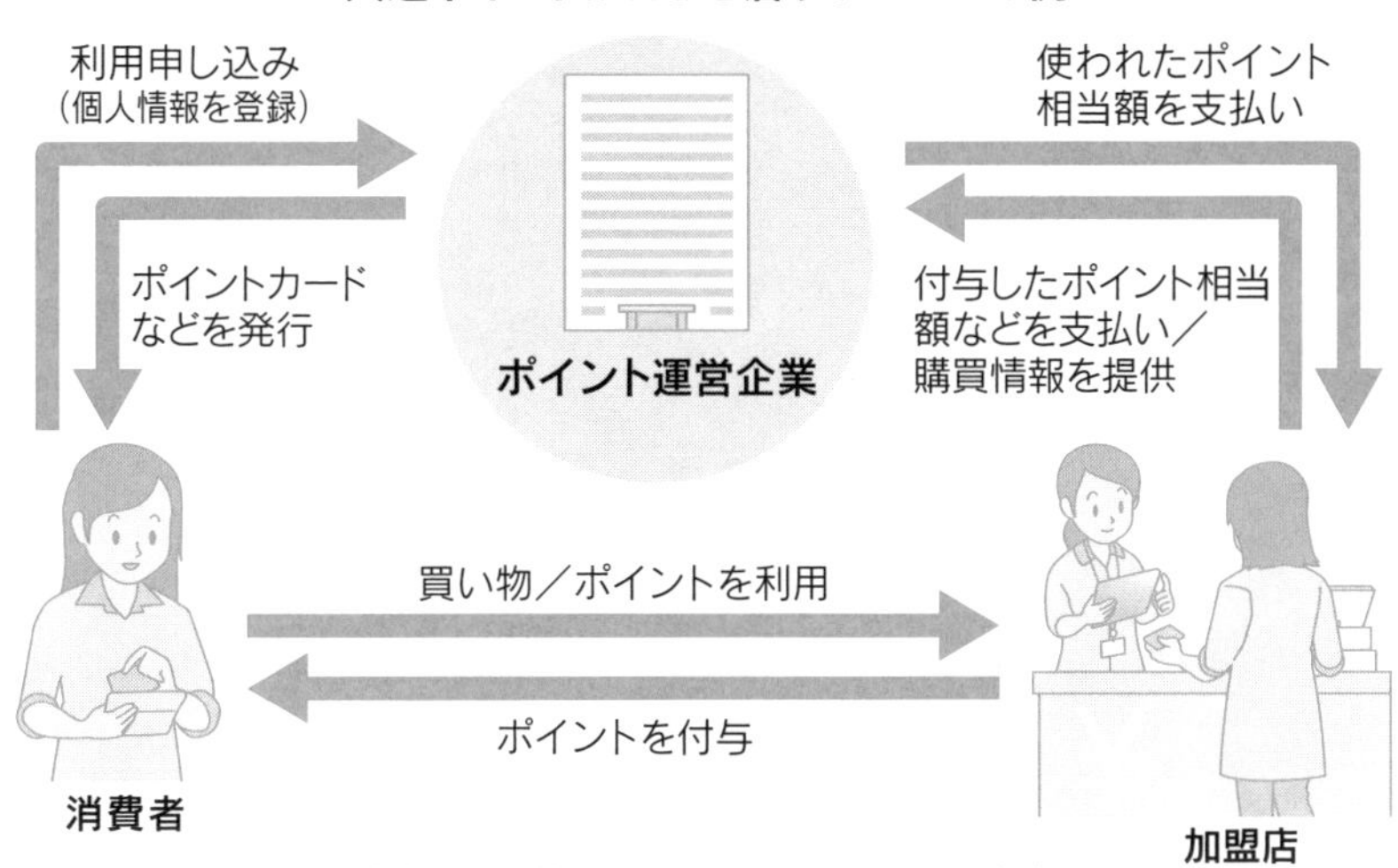

（注）ニッセイ基礎研究所の松沢登氏の話をもとに作成

ます。

Q　ポイントを付けると、その分、店は損をしませんか。

A　ポイントに対応する加盟店は集客増を期待できます。業態の異なる他店の常連客がポイントをきっかけに来店する可能性が高まります。店舗は共通ポイントの運営会社に利用料を払い、ポイントを付与するシステムなどの提供を受けます。ポイントの運営会社は、どの会員が合計でいくら加盟店で支払ったかといった購買情報を取得します。取得した情報はキャンペーンなどマーケティング活動に活用します。

Q　ポイントをたくさんためるコツはありますか。

A　ためるポイントの種類を絞るのが基本です。よく使う店舗や携帯電話会社などを手掛かりに選びましょう。公共料金などの毎月の支払いを特定のクレジットカードにまとめれば、カードのポイントが自然とたまります。種類や条件にもよりますが、支払額の０・５％以上の還元が多く、家計への影響は小さくありません。

Q　使える場所が多いポイントは電子マネーに近いのでは。

A　共通ポイントを支払いに充当する手順は、電子マネーによる支払いと似たところがあります。しかし、制度面で両者は大きく異なります。広く使われている電子マネーには現金の裏付けがあります。運営する企業は「前払式支払手段発行者」といった登録をしており、扱う金額に応じた金額を法務局に供託するなどしています。万一、トラブルがあったときに利用者に補塡するためです。

Q　ポイントは違うのですか。

A　ニッセイ基礎研究所の松沢登常務取締役研究理事は「ポイントは法律上『おまけ』に位置付けられており、現状では特段の規制はない」と指摘しています。そのため、運営側の事情でサービスの変更や中止をしやすいといえます。実際に特定の加盟店で、利用額に応じて付与される割合が変わるといったルールの変更もみられます。

第2章

銀行・預金がわかる

ネットバンキングを使う
――待たずに取引、手数料安く

進学や就職に伴い銀行口座を開いたり、メーンで使う口座を変えたりした人は多いでしょう。銀行の取引で気になるのが振り込みなどで発生する手数料。支払額を抑えるにはインターネットバンキングの活用が一案です。

Q　ネットバンキングとは何ですか。

A　パソコンやスマートフォンなどを使い、インターネットを通じて銀行のサービスを利用することです。預金残高の照会から振り込み、定期預金の預け入れなど様々な取引ができます。大手銀行や地方銀行といった店舗を持つ多くの銀行が対応しています。基本的に店舗を持たず、ネットバンキングを使うネット専業銀行もあります。

Q　手数料が安いのですか。

A　銀行や利用するサービスにもよりますが、窓口やＡＴＭに比べて手数料が安くなるケ

銀行の手数料は手段により異なる

		ネットバンキング	窓口	ATM
振り込み	自行口座へ	無料	220～550円	無料～440円
	他行口座へ	無料～330円	605～770円	110～550円
住宅ローン	繰り上げ返済	無料～5500円	1万6500～2万2000円	―
	金利種類の変更	無料	1万6500円	

(注)三井住友銀行の場合で他行口座への振り込みには例外もある

ースが多いです。例えば三井住友銀行では、自行の口座への振込手数料はネットバンキングだと一律無料です。窓口からは振込額などに応じて1回220～550円かかります。住宅ローンの繰り上げ返済もネットバンキングなら高くても5500円ですが、窓口では2万円以上かかることがあります。

Q なぜ安いのですか。

A 銀行側の運用コストが低いためです。振り込みなどを窓口で対応するには人手が要ります。ATMにも設置したり、管理したりする費用がかかります。ポイントの付与や、新規口座開設者を対象に紙の通帳の利用を有料にするなど、ネットバンキングの利用を促す銀行もあります。

Q 手数料以外の魅力はありますか。

A 好きな時間に取引できる点です。店舗や

ＡＴＭは対応する時間帯が決まっていますが、ネットバンキングは通常、深夜や通勤中といった時間にも利用できます。店舗やＡＴＭで並ぶ必要もありません。これまでネットバンキングを使ったことがなくても、口座を持つ銀行にネットや郵送などで申し込み、パスワードを登録するといった手続きをすれば利用できるようになります。

Ｑ　不正に利用され、預金を引き出されないか心配です。

Ａ　ＩＤやパスワードを他人に知られないよう厳重に管理する、パソコンやスマホにセキュリティーソフトを導入するといった「常識的な」対策は必須です。スマホアプリなどに表示した一定期間のみ有効な使い捨ての「ワンタイムパスワード」など銀行が用意する安全対策も利用しましょう。リスクはゼロではありません。しかし、銀行側が求める安全対策をするなど「預金者側に過失がなければ原則、被害は補償される」（全国銀行協会）そうです。

銀行口座、放置のリスク
――預貯金に手数料、権利消滅も

転勤や引っ越しでATMが近くになくなった、インターネット専業銀行に変えた――。通帳を持っているものの、ほとんど使わない銀行などの口座を持つ人は多いでしょう。放置しておくと、すぐにお金を引き出せなくなるほか、場合によっては預けていたお金がなくなってしまうこともあります。

Q 銀行の口座を放置すると預金が使えなくなるのですか。

A ATMなどですぐに引き出せなくなることがあります。取引が10年以上行われていない預金口座は「休眠預金」として、通常の預金とは別に扱われます。休眠預金のお金は預金保険機構という機関に移され、指定された団体を通じてNPO法人への助成などに使われます。銀行以外で使われますが、預金者のお金であることは変わりません。

Q 引き出すにはどうしたらよいですか。

休眠預金になる条件

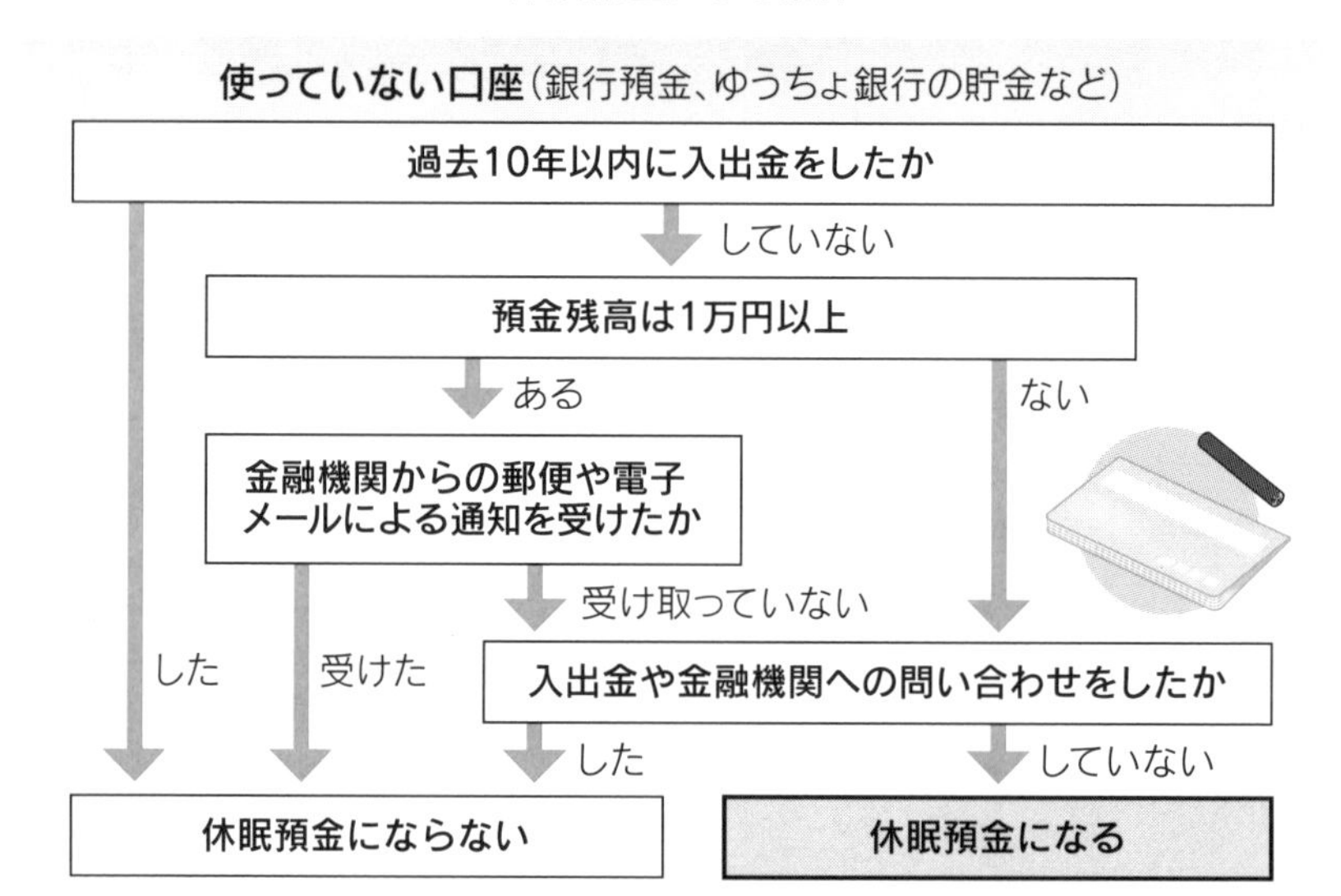

（注）郵政民営化前（2007年9月末まで）に預けた定期性の郵便貯金は満期から20年2カ月以内に払い戻し手続きをしないと権利が消滅（国庫に納付）となる

A 口座のある銀行の窓口で通帳やキャッシュカードなどを提示するといった手続きをすれば引き出せます。その際には元の預金金利が適用され、利息も受け取れます。預金者本人だけでなく、亡くなった人についても相続人などが代わりに引き出せます。

Q 自分の口座が休眠預金になっていないか気になります。

A 休眠預金になるのは原則として10年以上、入出金がなく、継続して利用する意思を金融機関に示さなかった預金口座です。金融機関から利用の意思を確認する郵便や電子メールを受け取るなどすれば、休眠預金になるのは避けられます。対象となる預金は普通預金や定期預金、貯蓄預金といったものです。心配なら金融機関に問い合わせるのが確実です。

取引が2年以上ない「未利用口座」の手数料例

銀行名	対象となる口座の条件例	手数料(年)
三菱UFJ	2021年7月以降に開設	1320円
三井住友	21年4月以降に開設し、残高が1万円未満、預金者が18歳以上75歳未満、ネットバンキングが未設定	1100円
八十二	21年4月以降に開設し残高が1万円未満	550円
	21年3月以前に開設し残高が1000円未満	
千葉	20年10月以降に開設し、残高が1万円未満	1320円
静岡		
横浜	20年5月以降に開設し、残高が1万円未満	

Q　**不利益がないなら、放置しても構いませんか。**

A　必ずしもそうとはいえません。郵政民営化前に郵便局で預けた「郵便貯金」には放置するとお金が取り戻せなくなるケースがあります。貯金者(預金者)が引き出す権利が消滅し、そのお金は国庫に納付されます。

Q　**対象となるケースを教えてください。**

A　07年9月末までに預けた「定額郵便貯金」「定期郵便貯金」「積立郵便貯金」などです。これら郵政民営化前の商品には、一般的な銀行の預金と異なり「旧郵便貯金法」が適用されます。この法律では満期から20年2カ月が経過するまでに払い戻しの手続きをしないと、権利が消滅します。

Q　**郵便貯金以外で不利益はありませんか。**

A　最近は2年といった期間、入出金のない口座に手数料を課す銀行も増えています。主に新たに開設した口座が対象で、大手では三菱ＵＦＪ銀行と三井住友銀行がそれぞれ21年7月、４月以降に開設した普通預金口座などを対象に、年１０００円超の手数料を課すことにしました。放っておくと残高から手数料分が徐々に引かれます。長野県が地盤の八十二銀行では新規に開設した口座だけでなく、既存口座も手数料を課す対象にしています。

Q　使われていない口座に手数料をかけるのはなぜですか。

A　一番の理由は特殊詐欺などの金融犯罪やマネーロンダリング（資金洗浄）で悪用されるのを防ぐためです。手数料により使わない口座の解約を促す効果が期待されています。残高から手数料が引けなくなれば自動的に口座が解約される銀行もあります。八十二銀行は「未利用の口座を減らすためには、制度開始前に開設した口座も対象にする必要があった」と説明しています。

Q　あまり使わない口座は解約したほうが良いのですね。

A　それが無難です。通帳などを用意して銀行の窓口に行けば、その場で口座の解約はできます。最近は解約時の押印を不要にするなど、手続きを簡素化する銀行も増えています。

預金を保護する仕組み
──銀行が保険料、万一に備え

2023年9月、東北の地方銀行が公的資金の注入を受けました。公的資金を出す場合、お金の出し手となるのが預金保険機構とその全額出資子会社の整理回収機構です。預金保険機構には、万一、金融機関が破綻したときに預金を保護する役割もあります。

Q 預金保険機構とはどんな組織ですか。

A 政府と日銀、民間金融機関が出資して1971年に設立しました。金融機関に資金を注入するなどして金融システムの安定を維持することと、金融機関が経営破綻したときに預金を保護することが主な役割です。

Q 地銀が公的資金の注入を受けた理由は。

A 新型コロナウイルス禍で地元の経済が疲弊しており、中小企業を支援するためとしています。外国債券の運用成績が悪化するなど経営環境は厳しくなっています。将来の資金

預金保険の仕組み

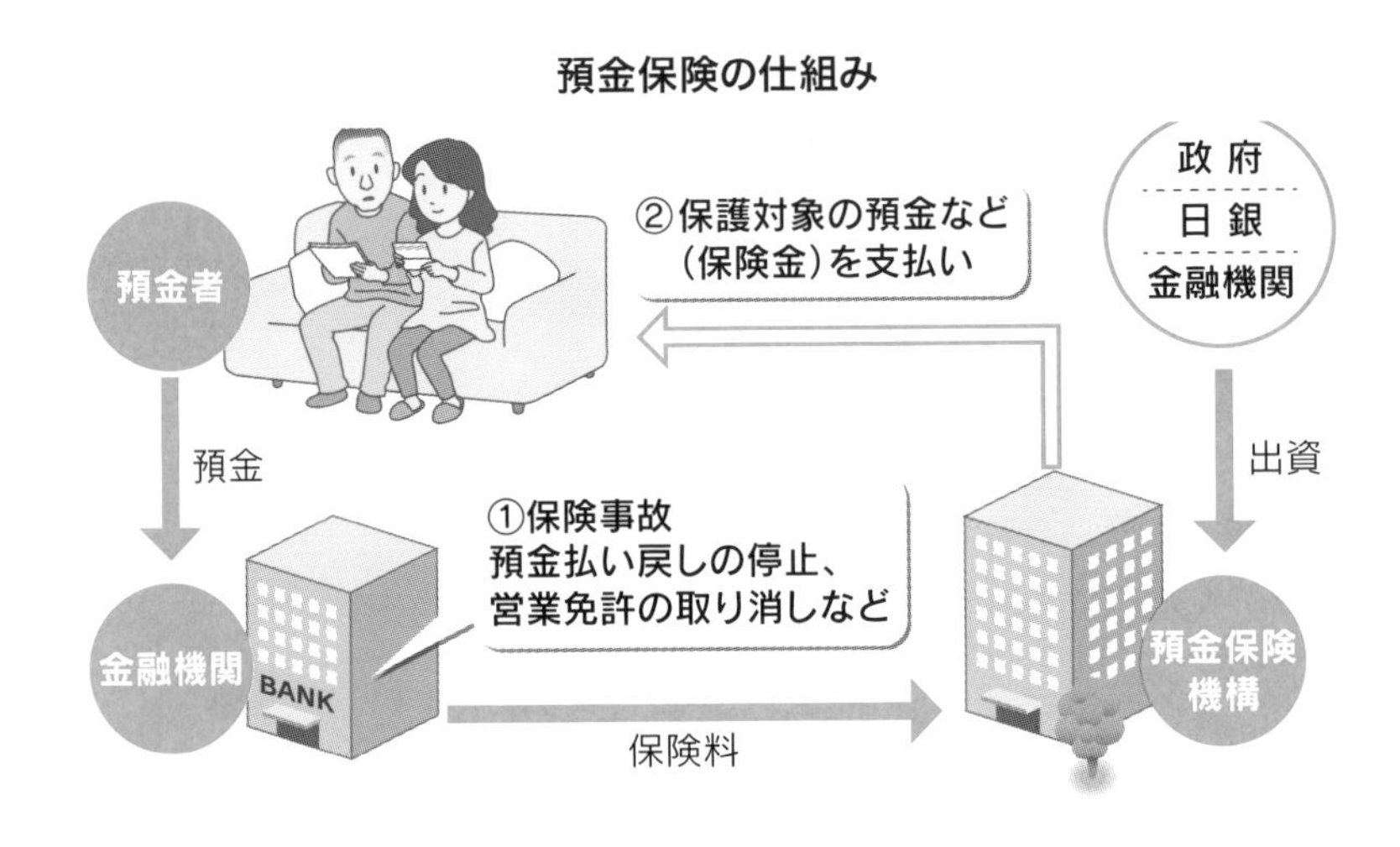

需要などに備え、あらかじめ資本を増強する狙いがあるようです。地銀の多くは同じような課題を抱えています。

Q　金融機関の経営が傾くのは困ります。

A　今回はそうした事態ではありません。仮に万一のことがあっても、預金者を保護する預金保険制度があります。預金者1人につき1金融機関ごとに普通預金や定期預金などの元本1000万円とその利息が保護されます。同じ金融機関に複数口座を持っていても金額は同じです。無利息でいつでも引き出せ、決済機能がある「決済用預金」は全額が保護されます。

Q　保護の対象とならない預金もあるのですか。

A　外貨預金などは保護されません。銀行の海外支店の預金や外国銀行の国内支店の預金も対象外です。定期預金の1000万円を超す部分などを含め、保護対象外の預金は破綻した金融機関の財産の状況に応じて預金者に返されます。銀行のほかに信用金庫、信用組合、労働金庫、

保護の対象外の「預金」もある

預金などの種類	保護される範囲
決済用預金 (当座預金、無利息型普通預金)	全額
利息付きの普通預金、定期預金、元本補塡契約のある金銭信託など	1金融機関ごとに元本1000万円までと破綻日までの利息
外貨預金、譲渡性預金(CD)、在外支店の預金、外国銀行の国内支店の預金など	金融機関の財産の状況に応じて払い戻し

商工組合中央金庫なども同じルールです。

Q　**できれば預金の全額を保護してもらいたいです。**

A　預金保険機構の設立当初の保護対象額は100万円で、86年に1000万円まで拡大されました。90年代に入るとバブル経済の崩壊で金融機関の破綻が相次ぎ、金融不安を解消するため、政府は96年に預金の全額保護を打ち出したこともあります。金融機関の再編や不良債権処理が進み、金融システムの安定が維持できる見通しが立ったため、2005年から現在のルールになっています。

Q　**なぜ「預金保険」というのですか。**

A　万一に備える保険の仕組みを採用しているからです。金融機関は預金保険機構に毎年「預金保険料」を払います。金融機関が預金を払い戻せなくなったり、営業免許を取り消されたりすると、保険金を支払う「事故」に該当します。事故が起きたら過去に集めた預金保険料などを預金者の保護に使います。

Q　**預金者に保険金が支払われるということですね。**

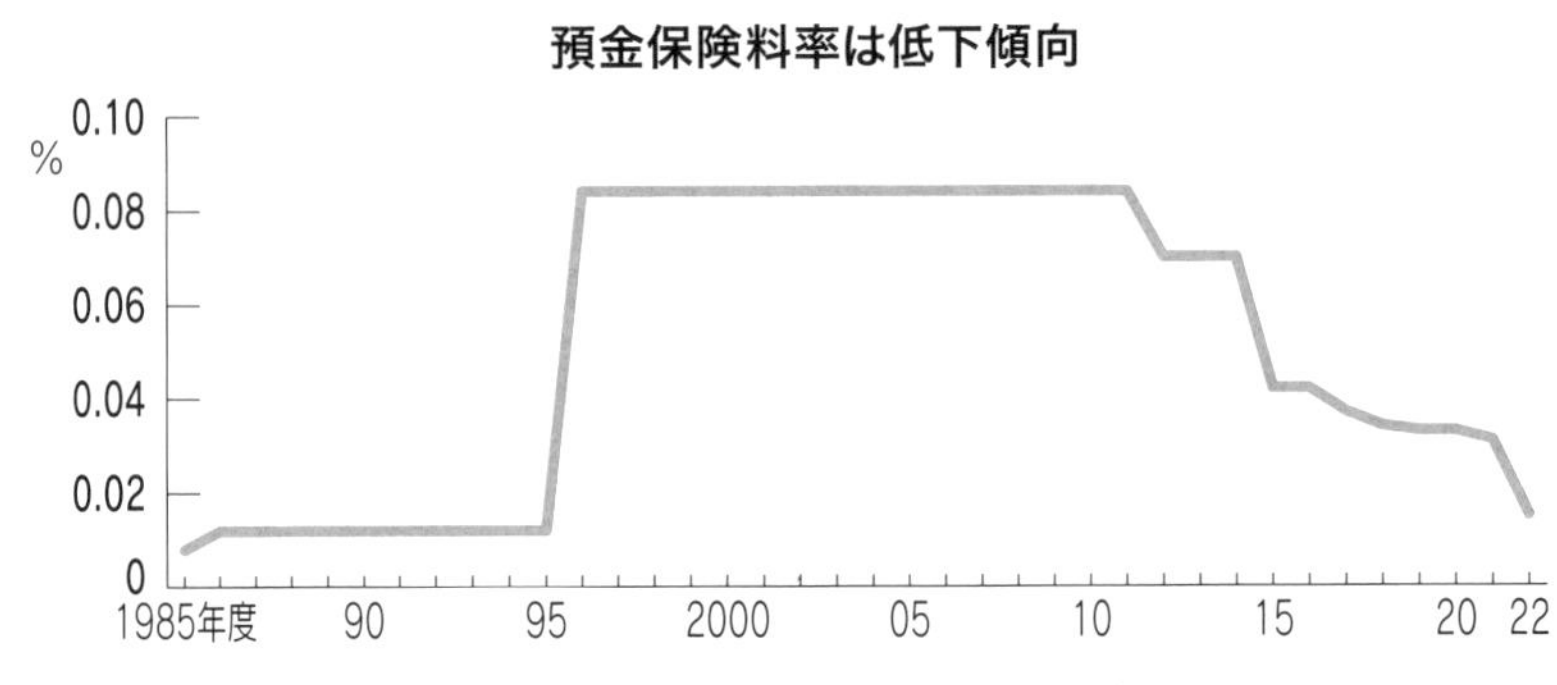

（注）2012～14年度は当初、0.084%だったが後に保険料の一部が返還され0.07%になった

A 正確には2つの方法があります。1つは預金者に直接保険金として支払う方法。もう1つは破綻した金融機関の営業の一部を他の健全な金融機関が受け継ぐときに、必要なコストを預金保険機構が援助するものです。この場合も保護される金額は保険金を支払うときと同じです。

Q 保険料はいくらくらいですか。

A 前年度の保護対象預金の平均残高に、毎年度定める預金保険料率を掛けた金額です。料率は機構の財政などを踏まえ決まります。金融システム不安が高まった96年度には料率が0・084%まで上昇しました。2010年9月に日本振興銀行が破綻したのを最後に、国内で破綻した金融機関はありません。保険金の支払いがなかったため、15年度以降は保険料率が少しずつ下がっています。22年度は前年度の半分以下の0・015%です。

仕組み預金、種類と注意点
──金利・為替で不利益も

夏と冬のボーナスが支給される時期が近付くと、金融機関は様々なキャンペーンを展開します。ネット銀行や一部の地方銀行では、高い金利をうたう「仕組み預金」の募集に力を入れています。

Q 仕組み預金とはどのような商品ですか。

A 通常の定期預金よりも高い利息が得られる預金商品です。満期まで持ち続ければ原則として元本は保証され、決まった利息を受け取れます。一部の金融機関の販売手法が問題となった「仕組み債」とは別の商品です。ただ、商品性が複雑で、預金者や投資家にリスクがある点は似ています。

Q 詳しく教えてください。

A 仕組み預金は大きく2つの種類に分けられます。「満期の時期が変わるもの」と「満期で受け取る通貨が変わるもの」です。いずれも銀行が特定の期間に預金者を募るのが一

円で預ける仕組み預金は大きく2種類

満期が変わるタイプ	元本の通貨が変わるタイプ
▪満期は10年など。繰り上げもある ▪基本的に中途解約できない ▪金利が一定のタイプと徐々に上がるタイプがある	▪満期は1カ月など ▪受け取る通貨は円か特定の外貨。為替レートで変化

般的です。

Q　満期の時期が変わるものの仕組みは。

A　あるネット銀行の商品を例に説明しましょう。預入期間は10年です。金利は10年間一定か、1年ごとに上がるかを選びます。一定を選ぶと年0・80％が続きます。上がる場合は1年目が0・30％で、2年目は0・40％、終盤に掛けて上昇ピッチが上がり、10年目は年4・00％になります。

Q　かなりの高金利ですね。

A　通常の定期預金に比べるとそう見えます。ただし、このタイプは預け入れから1年たつと、銀行の判断で満期を繰り上げることが可能です。預金者に魅力的な条件が続くとは限りません。

Q　銀行は何を手掛かりに満期の時期を判断するのですか。

A　現在は超低金利の環境です。銀行はなるべく低い金利で預金を集めた方が得です。低金利が続いたり金利が下がったりした場合には、1年たった時点で満期を繰り上げお金を返せば、高い利息を払い続ける必要がありません。金利が上がった場合は満期までお金を返さなければ、新

満期が変わる仕組み預金の例

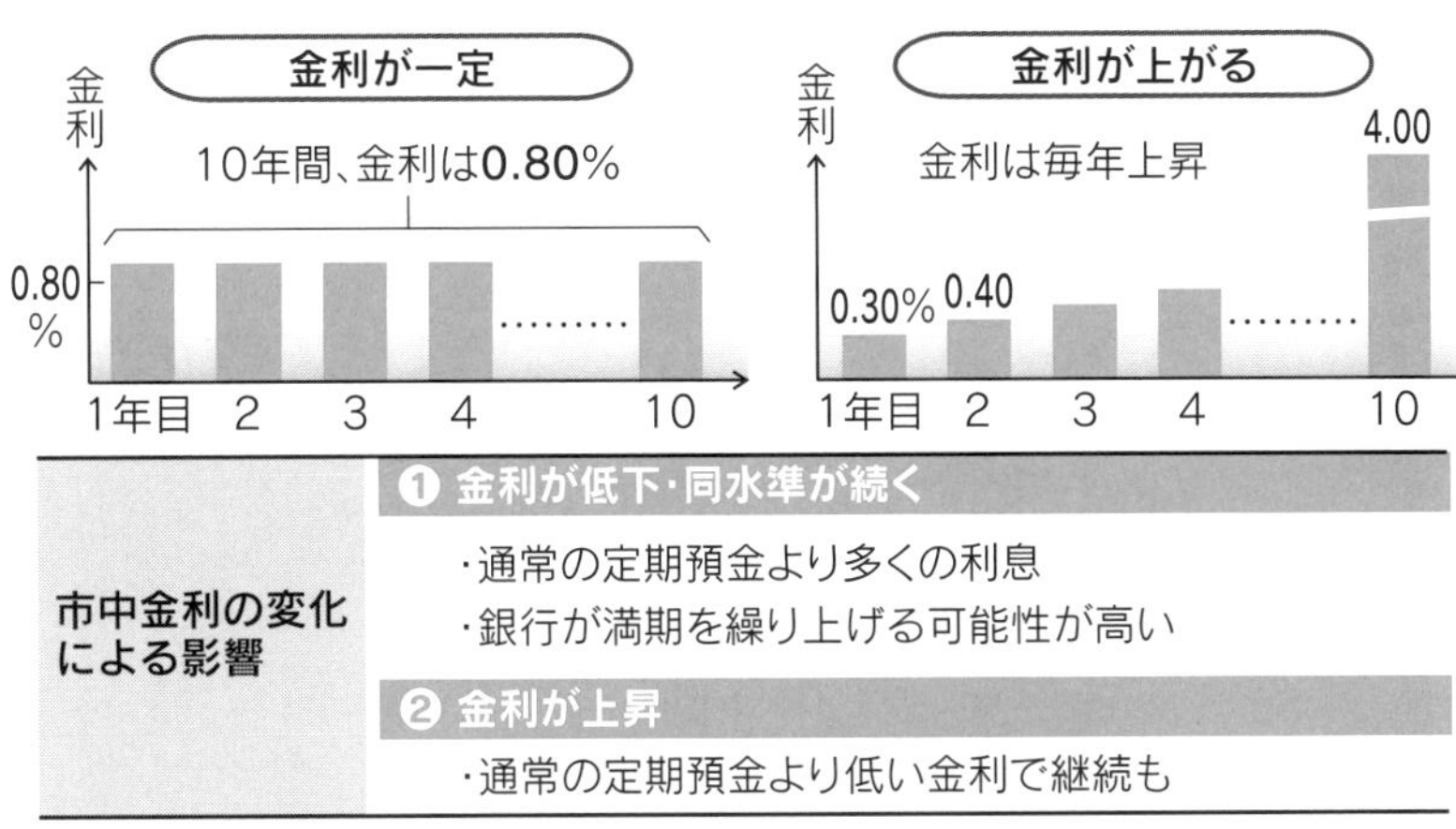

（注）途中で解約すると「損害金」などが発生する

たに預金を集めるより利息を抑えられます。

Q　いずれにしても、元本と利息を受け取れるのですね。

A　その通りです。しかし、預金者の条件が悪くなる可能性はあります。例えば金利が年0・80％で一定の商品を契約した後、定期預金の金利が年0・80％を上回れば、仕組み預金は不利です。仕組み預金は途中解約すると「損害金」が発生し元本を下回る金額しか戻りません。通常の預金金利が大きく上がると、実質的には「損」をするともいえます。

Q　受け取る通貨が変わる商品はどのような仕組みですか。

A　1カ月後など満期直前の「判定日」の為替レートで元本を受け取る際の通貨が変わります。例えば米ドルに変更する可能性がある商品で、1ドル＝140円のときに100万円を預けたとしましょう。判定日に

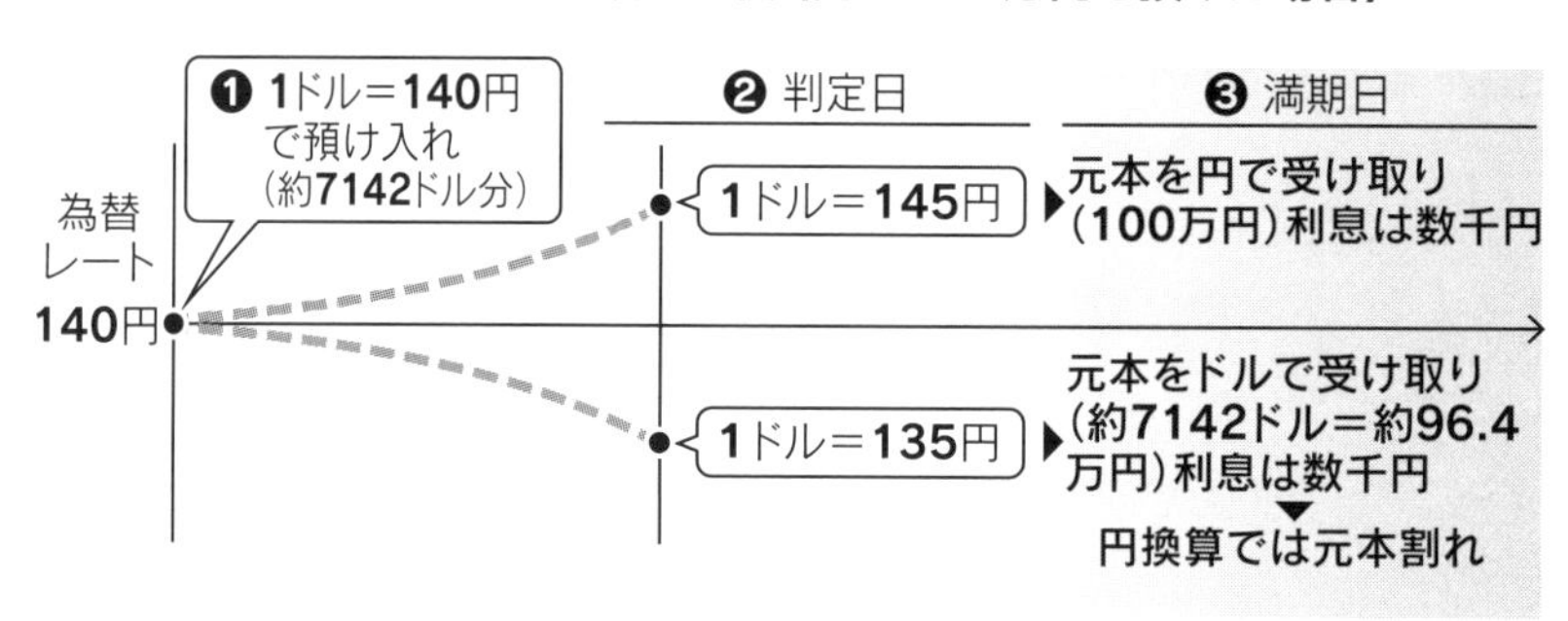

（注）どちらの場合も利息は円で受け取る

1ドル＝145円（円安・ドル高）なら、元本100万円と年換算で数％（数千円）といった利息を受け取ります。一方で1ドル＝135円（円高・ドル安）の場合は預入時のレート（特約レート）で交換した米ドルと数千円の利息を受け取ります。

Q　ドルで受け取った場合の収支はいくらですか。

A　先述の例なら受取額は約7142ドル、円換算で約96・4万円です。ドルベースでは元本が戻りましたが、利息を加えても円換算では実質元本割れです。いずれのケースも一定の利息は約束される一方で円安時の為替差益は得られず、円高時の為替差損のリスクを負っているといえます。

Q　単純に高利回りとはいえないのですね。

A　仕組み預金はデリバティブ（金融派生商品）を活用した商品で、リスクとリターンの評価が難しい面があります。ファイナンシャルプランナーの嶋田哲裕氏は「『預金』という名前で安心できるイメージを持ちやすいが、損をする可能性がある投資商品と考えるべきだ」と助言しています。

第3章

株式投資と企業がわかる

上場企業の決算発表
――事業活動の結果、数値で示す

上場企業は四半期ごとに決算内容を開示することが義務付けられています。決算発表ではしばしば経営トップが記者会見をし、それを受けて株価が大きく動くこともあります。なぜ、決算は注目されるのでしょう。

Q　決算とは何ですか。

A　企業が1年間や四半期といった期間に得た収入や払った費用を計算し、利益や損失などを明らかにすることです。一連の結果を書類にまとめることを指す場合もあります。上場企業は事業活動を通じて、より大きな利益を生むことを投資家に求められます。決算はその期間の「成績表」にも例えられます。

Q　決算の書類はいつ作成するのですか。

A　上場企業の場合、通常1年分をまとめた「本決算（通期決算）」と、３カ月ごとの四

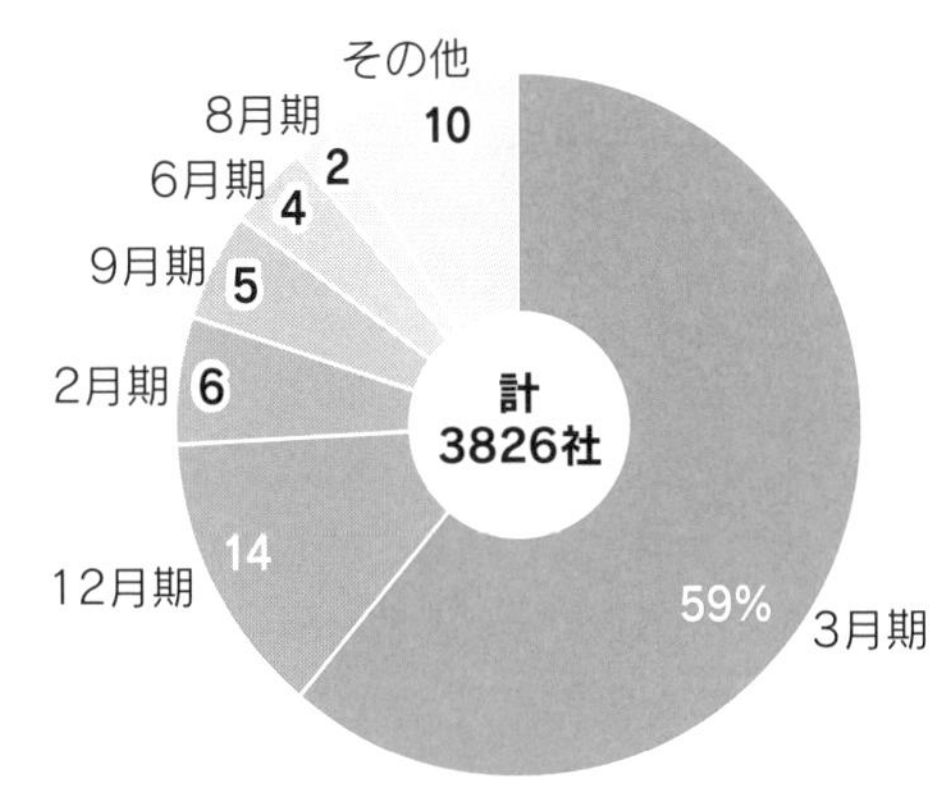

（注）2024年2月22日時点、東証公開のデータに基づく。東証上場企業でプロ向け市場、外国会社を除く

半期決算を作成します。東京証券取引所に上場する企業は、原則として期末から45日以内に発表します。国内の上場企業では3月を期末とする3月期決算企業が約6割を占めます。決算の書類を作成するには一定の時間が必要なため、例年、期末から45日にあたる5月15日ごろにかけて本決算の発表が相次ぎます。

Q なぜ決算を発表しなければならないのですか。

A 企業の状況を広く知らせるためです。株式会社は株主のお金を「元手」に事業をしているといえます。特に上場企業の場合、誰もが株式を持つことができます。投資家にとっては、お金を効率的に使い、利益を伸ばす会社が魅力的です。企業がお金をどのように使い、どれだけ利益を出したかは、株を買ったり持ち続けたりする判断に欠かせません。

Q 何が分かるのですか。

決算の基本ルール

開示時期	原則として期末から45日以内。30日以内の開示が「より望ましい」
様　式	■東証がひな型（参考様式）を用意 ■決算短信の1ページ目に直近決算の重要情報をまとめて掲載。その後に詳細を説明
主な内容	■売上高や利益、費用など（損益計算書） ■保有する現金や借入金の額など（貸借対照表） ■本業や資金調達などに伴うお金の出入り（キャッシュフロー計算書） ■配当の状況、業績の予想
開示場所	東証の適時開示情報閲覧サービス（TDnet）。 補足する資料を自社サイトで公開することも

（注）主に東証が上場企業に要請している内容

A　売上高や利益といった事業の状況のほか、会社が持っている現金や土地などの資産や借入金の額といった財務情報についても記されています。例えば安定した利益を出す企業でも、借金が大きく膨らんでいれば、経営の安定性が高いとは言い切れません。利益や財務の情報は、その会社と取引をする銀行や企業にも関心事です。

Q　**決算の情報はどこで見られるのですか。**

A　上場企業は「決算短信」と呼ばれる書類を、東証の情報開示サイトで公表します。決算短信は通常、最初の1～2ページに主要な数値がまとめて掲載されています。併せて自社サイトで補足する資料などを開示する場合もあります。決算の内容を詳しく説明するため、記者会見や市場関係者向けの説明会を開くこともあります。それらの情報を踏まえて投資家が株の売買を決断するため、決算発表の後に株価が大きく動くことがあります。

Q 決算短信だけが情報ではないのですね。

A 上場企業は決算短信とは別に、有価証券報告書という書類を作成します。決算短信より詳細な情報が含まれます。監査法人と呼ばれる第三者の会計の専門家が必ず正確性を確認している点も決算短信と異なります。有価証券報告書は金融庁のサイトで閲覧できます。

Q 決算が発表されないことはないのですか。

A 何らかのトラブルをきっかけに作業が遅れ、予定日を過ぎたり定められた期限内に発表できなかったりするケースはあります。2020年3月期は新型コロナウイルスの影響で、延期するケースが相次ぎました。有価証券報告書の提出が定められた期限に遅れると、上場が廃止になることがあります。

Q 非上場の企業も決算を発表するのですか。

A 上場・非上場に関係なく、企業は決算書類を作ります。税務署に提出して納税額を確定するためです。ただし、非上場企業には基本的に上場企業のような開示義務はありません。株主数が多いなど一定の条件に当てはまる場合には、有価証券報告書を開示したり、決算の内容の一部を公表したりすることがあります。

企業による株主還元
――優待・自社株買いにも目配り

２月から３月にかけては多くの企業が配当の「基準日」を迎えます。基準日に株を保有していれば配当を受け取れるため、それを意識した株の取引が活発になりがちです。企業が配当などで株主に報いることを株主還元と呼びます。

Q　配当はどんな仕組みで受け取れるのですか。

A　配当は企業が事業活動で得た利益を株主に分配することです。決算期末などの基準日の株主に受け取る権利が発生します。金額は一般的に株主総会で決めますが、事前に公表された額になることがほとんどです。企業によっては利益の一定割合や一定の金額など、配当の方針を明らかにしていることがあります。

Q　配当をしない会社もあると聞きます。

A　配当額は企業の方針や業績の動向を反映します。例えば大幅な赤字のときに無配とな

主な株主への還元策

	内容やメリット	注意点など
配当	保有株数に応じて金銭を受け取れる	業績などで金額は増減。あらかじめ方針を公表している企業も
自社株買い	企業が自社の株を市場などで購入。計算上の1株あたりの価値が高まる	株を保有したままでは、直接の収入にはならない
株主優待	投資した企業の製品やサービス、金券などを受け取れる	内容の変更・廃止がある。優待の「価値」は株主により異なる面も

ることは珍しくありません。一方、伸び盛りの企業があえて無配とすることもあります。利益をさらなる成長のための投資に回すためです。その結果、さらに利益を伸ばせれば株価（企業価値）の上昇につながります。また、1株あたりの配当額は単純には企業同士での比較ができません。株価や利益などの水準が異なるためです。

Q どのように評価したら良いのでしょう。

A 代表的な指標が配当利回りです。1株あたりの年間配当額を取得時などある時点の株価で割って求めます。1000円で買った株の年間配当が50円なら、配当利回りは5％です。東証プライム上場企業の配当利回り（予想ベース、単純平均）は足元で約2％です。ただし予想配当利回りは高ければよいとは限りません。株価が下がっても利回りが高くなるからです。

Q 株主が金券や割引券をもらえることも

株主還元は「利回り」で考える

配当が増える、株価が下がると上昇する

配当利回り ＝ 1株あたりの配当 / 株価 ×100(%)

株主優待が充実していれば利回りは高くなる

株主優待を含む利回り ＝ 1株あたりの(配当＋株主優待の価値) / 株価 ×100(%)

ありますね。

A　個人投資家にとっては株主優待制度も広い意味で株主還元といえるでしょう。クオカードなどの金券や外食企業の割引券は価値が明確で、配当と合わせて「利回り」を計算する方法もあります。例えばクリエイト・レストランツ・ホールディングスの配当利回りは約０・６％（２０２４年２月時点）。しかし、１００株を取得した場合で食事券を単純に合算すると利回りは４％に高まります。

Q　**だいぶ違いますね。**

A　ただ、株主優待の価値は株主によって異なるともいえます。食事券の場合、近所で使えればよいですが、なければ魅力は乏しくなります。株主優待の内容も変化することがあります。機関投資家や海外投資家に不公平だとして、廃止する動きもあります。

Q　**ほかにも株主還元はありますか。**

A　発行済みの自社の株を買い取る、自社株買いをする企業もあります。理論上の１株あたりの価値を上げる効果があるため、株

自社株買いの基本的な仕組み

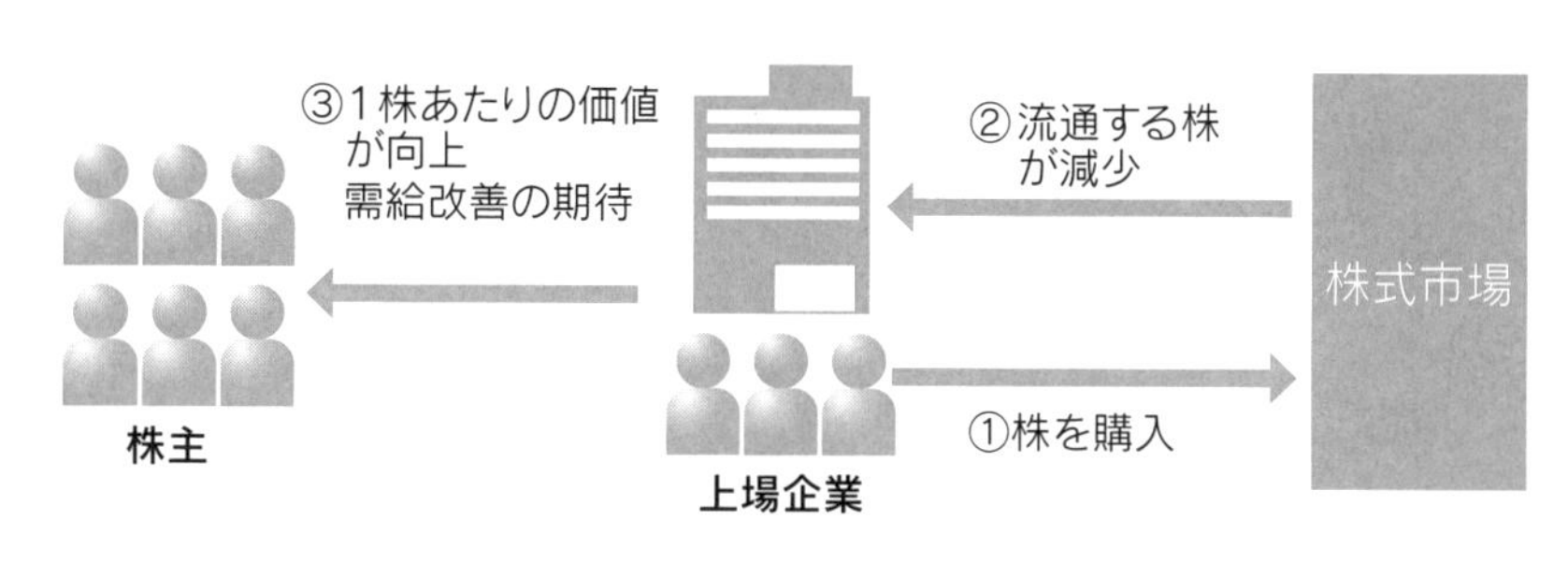

主還元と位置付けられます。

Q **仕組みを教えてください。**

A まず、企業は自社株を取得する期間と上限の株数や金額を公表します。そのうえで市場内やTOB（株式公開買い付け）で株式を取得します。取得した自社株は一般に株価に関連する指標を計算する際の株式数から除かれます。そのため1株あたりの利益などが押し上げられ、株価を支える効果が期待できます。企業の買いにより需給が改善する点も株価には追い風です。

Q **現金がもらえる配当のほうがいいです。**

A 機関投資家は「配当金を再投資し、株価で投資先を評価することが多い」（三井住友DSアセットマネジメントの石山仁チーフストラテジスト）ため、自社株買いを歓迎します。一方で長期保有の個人はメリットを実感しづらいかもしれません。購入した自社株が再び市場に出回る可能性もあります。ニッセイ基礎研究所の森下千鶴研究員は「株主は自社株を取得した後の扱いも注視する必要がある」と話しています。

株主総会の機能と手続き
―重要な経営判断に意見反映

毎年6月になると上場企業の株主総会が相次ぎます。株主総会は通常、年に1回開催され、経営の重要な決定をします。個人を含めて株主は誰でも総会に参加し、意見を表明することができます。

Q　なぜ6月になると株主総会が増えるのですか。

A　3月期決算の会社が多いからです。会社が毎年開催する「定時株主総会」は事業年度の終了後、一定期間に開きます。総会は出席できる株主を確定する「基準日」から3カ月以内に開かなくてはなりません。3月期決算の会社は3月末を基準日とするのが一般的で、6月末が総会を開催する期限となります。準備などの時間を考慮すると、6月の中～下旬に集中しやすくなるのです。

Q　株主総会では何をするのですか。

A　会社経営での重要な事項（議案）について決議をします。株式会社の持ち主は株主です。

株主総会と会社経営

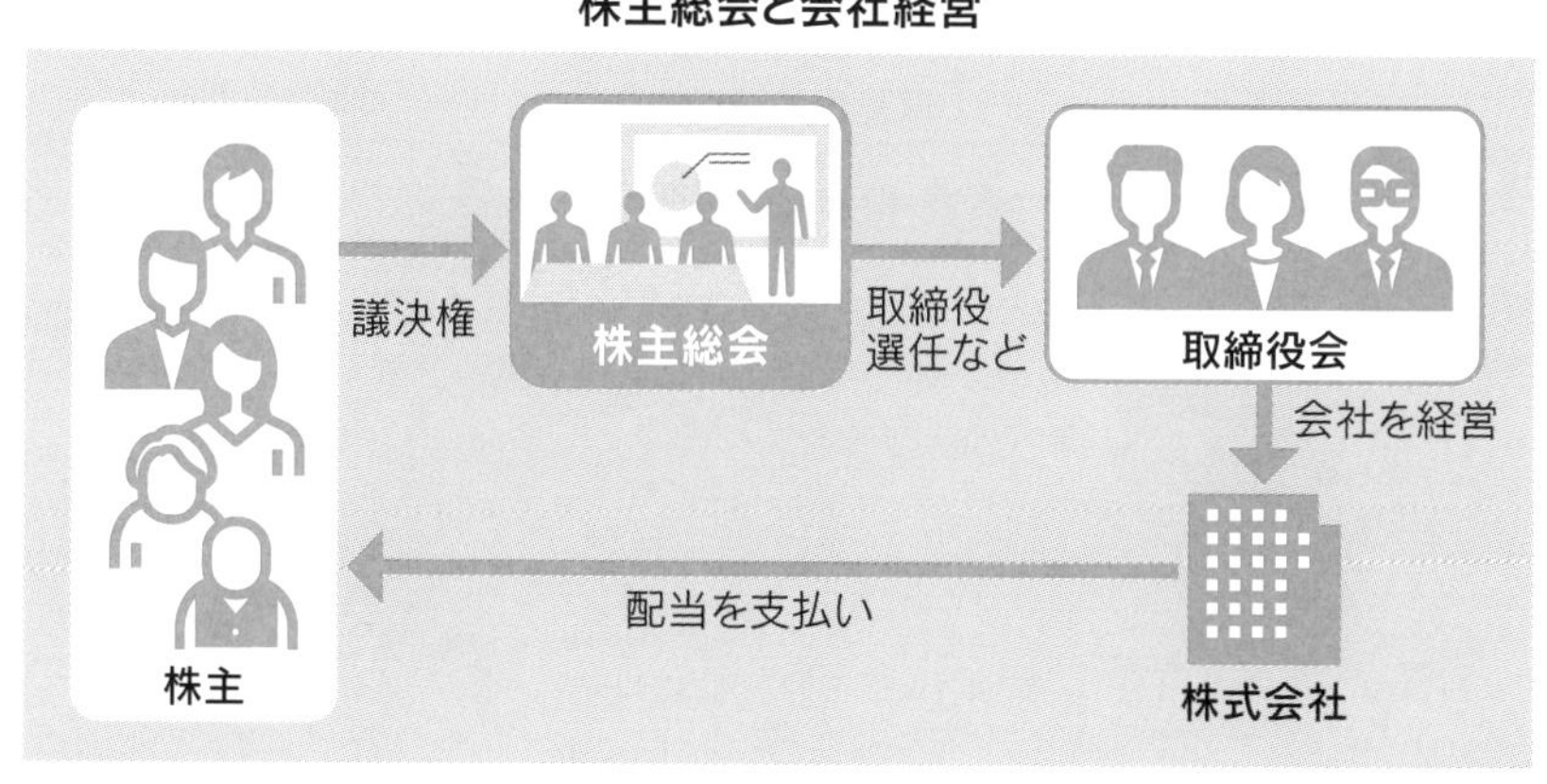

決議に反映される株主の意向（議決権）は保有する株数に比例します。議案の種類によって、可決するために必要となる賛成票の割合は変わります。

Q　具体的にはどのようなことを決めるのでしょうか。

A　まず、会社を経営する取締役の選任が挙げられます。株主は経営に参加する権利を持ちますが、普段の経営は取締役会に任せることになります。取締役の選任は会社の経営方針を間接的に決めるものといえます。利益を株主に配分する配当や、他の会社との合併なども株主総会での承認が必要です。取締役の選任や配当の決定は出席株主の議決権の過半、合併は同3分の2以上の賛成が原則必要です。

Q　株主総会の進め方を教えてください。

A　会社は遅くとも株主総会の2週間前までに、議案内容を記載した株主総会招集通知を株主に送ります。株主は総会に出席して投票をするか、事前に書面を郵送するなどし

株主総会で決議する主な事項

決議事項	具体例や説明	決議の条件
定款の変更	社名変更、取締役の任期	**特別決議**（出席株主の議決権で3分の2以上の賛成）
重要な経営案件	他社との合併、事業譲渡の承認	
役員の選任や解任※	会社の経営陣を決める	**普通決議**（出席株主の議決権で過半の賛成）
剰余金の配当	会社が事業活動で得た利益をどう分配するか決める	
役員報酬	総額を決め、内訳は取締役会で決定することが多い	

※特則普通決議、出席株主数の条件が異なる

て議案への賛否を明らかにします。通常は意見の表明をしないと、会社側に賛同したものと扱われます。

Q　株主総会当日の流れは。

A　総会では最初に事業の状況や議案について説明するのが一般的です。株主はその場で質問をしたり意見を述べたりできます。質疑応答が終わった後で議案の採決をします。採決の結果はその場で集計され、結果を発表した後に総会は終わります。

Q　議案を提出できるのは会社だけですか。

A　総議決権の1％以上を6カ月以上保有するといった、一定の条件を満たす株主は議案を提案できます。その場合は総会の8週間前までに会社に通知をする必要があります。また、さらに多くの議決権を持つなどする株主と会社は、必要があると判断すれば、臨時の株主総会の招集もできます。

3月期決算企業の定時株主総会までの日程例

3月末	株主の議決権が確定
4月下旬	株主提案の通知期限(総会の8週間前)
6月上～中旬	招集通知の発送期限(総会の2週間前)
(株主総会まで)	書面による議決権行使
6月下旬	株主総会の開催

Q 採決の結果は大株主の意向で決まってしまうのでは。

A そのケースが圧倒的に多いのは事実です。しかし、個人株主の意見が注目されることもあります。例えば2021年に関西スーパーマーケットがエイチ・ツー・オーリテイリングの子会社との統合を目指したときの賛成票は、必要となる3分の2ギリギリでした。また、取締役の選任で反対票の比率が高ければ、経営にあたるときの緊張感は高まるでしょう。

Q 株主提案は多いのですか。

A 最近は増える傾向にあります。大和総研によると22年6月開催の株主総会で株主提案があったのは79社(6月10日時点、取り下げ4社含む)と過去最高でした。一因が「物言う株主」が増えてきたことです。アクティビストとも呼ばれ、会社の経営方針について積極的に意見を表明するのが特徴です。アクティビストについては「長期保有が目的でなく短期的な利益を志向しがちだが、経営陣の緊張感を高め株主との対話が進む効用もある」(大和総研の吉川英徳主任コンサルタント)との指摘があります。

証券口座を知る
――投信や株を取引・管理

若年層を中心に投資を始める人が増えています。株や投資信託などを購入するには、まず、金融機関で証券口座を開設する必要があります。どのような仕組みになっているのでしょう。

Q　証券口座とは何ですか。

A　金融商品の売買や管理をするための口座です。証券会社のほか銀行、運用会社などで開設できます。銀行の預金口座は給与受け取りや公共料金の引き落とし、振り込みなど、お金のやり取りや管理が主な役割です。一方で証券口座で現金のまま置かれることはあまりありません。

Q　どういうことですか。

A　証券口座を使い投資をする場合、ＡＴＭなどで口座に入金します。そのお金で通常はマネー・リザーブ・ファンド（ＭＲＦ）という換金しやすく安全性の高い投信を購入します。

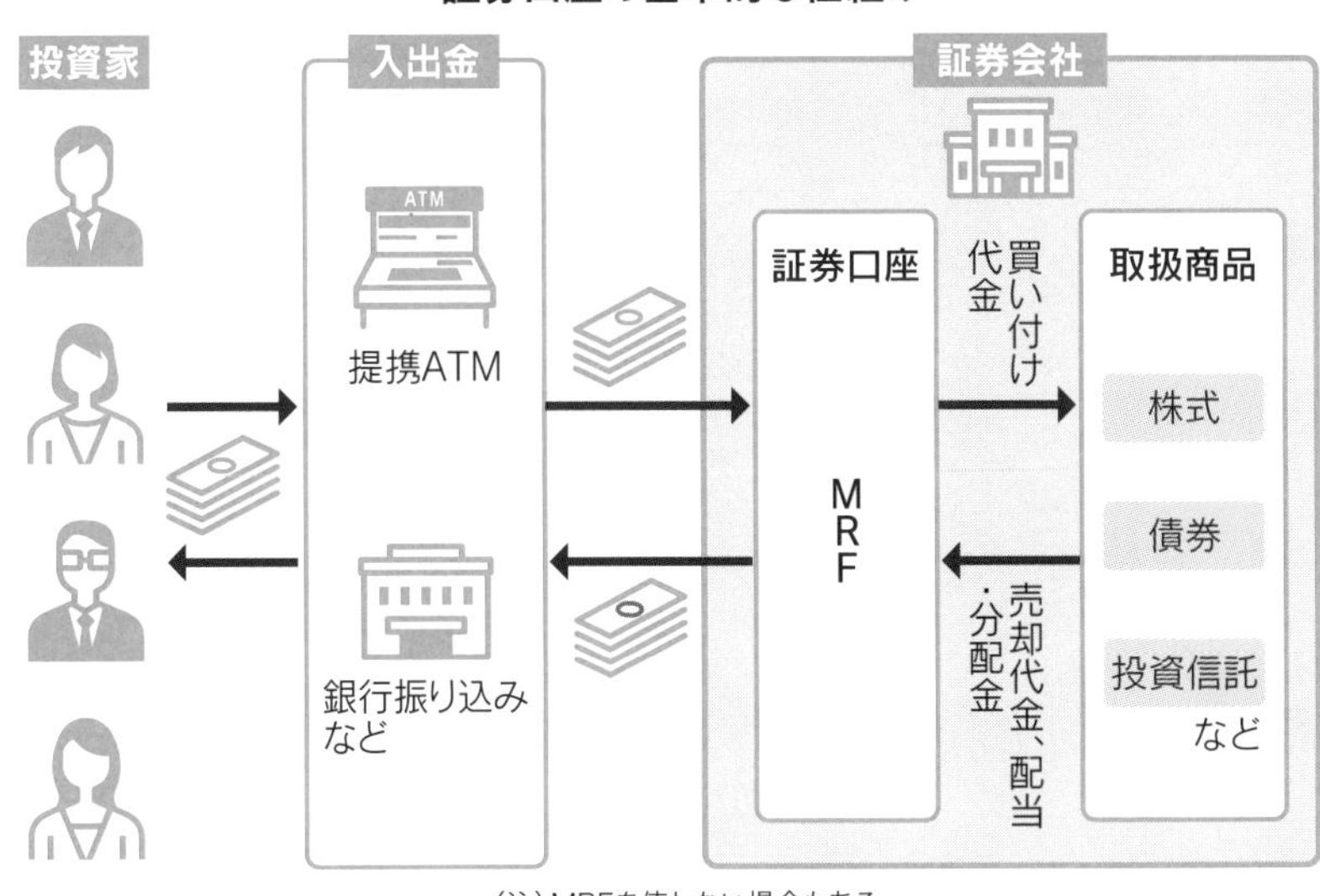

（注）MRFを使わない場合もある

株や投信を購入する際はMRFを売却し代金に充てます。株などを売ると、その代金は再びMRFになります。

Q　MRFを買う理由は。

A　投資の待機中に利回りを確保するためです。最近はインターネット証券を中心にMRFを使わないスイープサービスと呼ばれる仕組みもあります。金融商品の売買をするときは提携銀行の預金口座から自動的に代金を移します。

Q　証券口座で購入できる金融商品には何がありますか。

A　株や債券、投信、上場投資信託（ETF）、不動産投資信託（REIT）などです。ただし、株やREITなどが購入できるのは証券会社のみです。それ以外の金融機関で開設すると、直接購入できるのは投信などに限られます。

Q　投資の話題ではＮＩＳＡ口座という名前をよく聞きます。

A　通常、株や投信で売却益や配当などを得ると税金がかかります。証券口座には税の手続きが異なる複数の種類があり、個人投資家の多くは「源泉徴収ありの特定口座」を使っています。税を自動的に処理するので手間がかかりません。ＮＩＳＡとは少額投資非課税制度のことで、専用の口座を別途開設して投資をします。投資額や対象となる金融商品などに制限がありますが、投資で得た利益が非課税となるのがメリットです。

Q　万一、金融機関が破綻したら株や投信はどうなりますか。

A　銀行が破綻すると、一般の預金口座で保護されるのは元本１０００万円とその利息までです。一方、証券口座で購入した金融商品などは金融機関の資産とは別に管理されています。そのため金融機関が経営破綻しても、購入した金融商品が返ってこないということは原則としてありません。

NISAの仕組み
──株・投信を運用、利益は非課税

株や投資信託の運用で利益が出ると、通常、約2割の税金が引かれます。ところがNISA（ニーサ）という制度を利用すれば、税はかかりません。2024年からは制度が刷新され、使いやすくなっています。

Q NISAとはどのような制度ですか。

A 正式には「少額投資非課税制度」といいます。銀行や証券会社に専用の口座をつくり、株などを取引します。この際に得られた売却益や、受け取った配当・分配金が非課税となります。例えば100万円で買った株が値上がりし、130万円で売ったとします。この間の配当は20万円です。運用益は50万円ですが、通常の証券口座（課税口座）では約10万円の税金が引かれます。NISA口座なら50万円すべてが手元に残ります。

Q なぜそのような制度をつくったのですか。

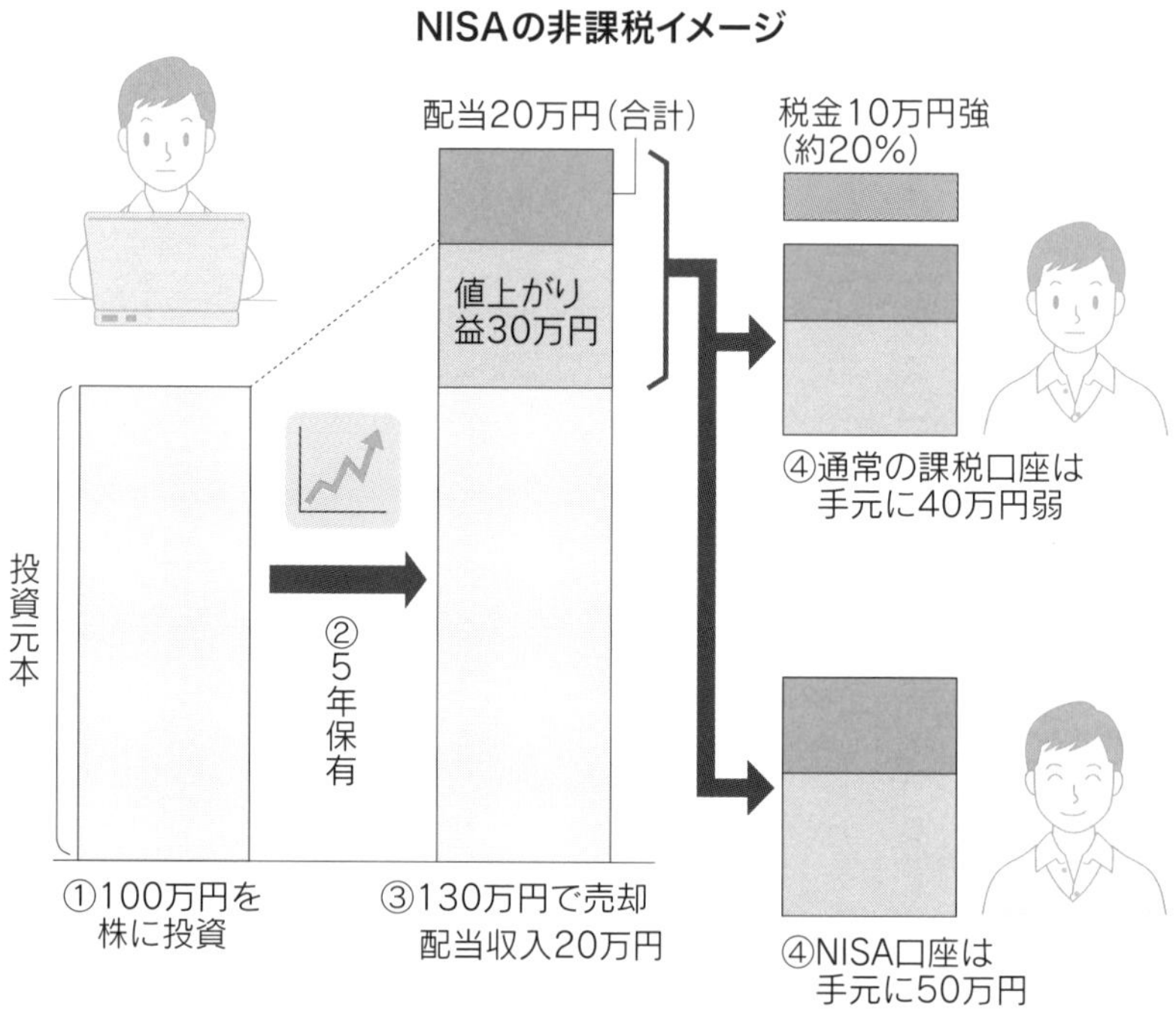

NISAの非課税イメージ

配当20万円(合計)
値上がり益30万円
投資元本
②5年保有
①100万円を株に投資
③130万円で売却 配当収入20万円
税金10万円強(約20%)
④通常の課税口座は手元に40万円弱
④NISA口座は手元に50万円

A 老後に向けた安定的な資産形成を国民に促すためです。預貯金だけでは利回りが低く、手元の資金を増やすことに限界があります。株など値動きがある金融商品には元本割れを懸念する人もいます。利益に税がかからなければ、その分、資産を増やしやすくなります。

Q 私も使えるのでしょうか。

A 国内に住む成人なら誰でも1人1口座を持つことができます。NISAには「つみたて投資枠」と「成長投資枠」の2つの投資枠があります。それぞれ1年間に投資できる金額や、運用できる商品が異なります。

Q つみたて投資枠から教えてください。

2024年からNISAは大きく刷新

		年投資枠	非課税期間	非課税保有限度額	投資枠再利用	投資対象商品
23年まで	つみたてNISA	40万円	20年	800万円	不可	長期投資に適した投信※1
	一般NISA	120万円	5年	600万円		上場株式・投信・ETFなど
24年から	つみたて投資枠	120万円	無期限	生涯で1800万円（うち成長投資枠は1200万円まで、元本ベース）	可	長期投資に適した投信※1
	成長投資枠	240万円				上場株式・投信・ETFなど※2

※1 主に低コストのインデックス型投信　※2 監理銘柄や毎月分配型投信などは除外

A つみたて投資枠は文字通り積み立て投資を前提にしたものです。長期の資産形成で着実な運用成果を狙うには、投資先と時間の分散が鉄則とされます。毎月1万円など定期的に同じ金額を買い付けると、高値づかみを避けやすくなります。つみたて投資枠では長期投資に適した投信約270本を運用できます。年間の投資上限は120万円です。例えば月10万円ずつ積み立てれば年間の上限に達します。

Q 成長投資枠は。

A より幅広い金融商品に投資ができます。上場株や上場投資信託（ETF）、不動産投資信託（REIT）なども買えます。投信はつみたて投資枠の対象を含む約1900本を運用できます。年間の投資上限は240万円です。ただし生涯で使える非課税枠は1800万円、うち成長投資枠は1200万円という上限があります。

Q なぜ上限があるのですか。

A　ＮＩＳＡにはあくまで老後などの資産形成が目的で、お金持ちを優遇する仕組みではないという考え方があります。投資枠は購入したときの金額がベースです。１００万円で株を買ったら１００万円の枠を消費します。それを１２０万円で売ったら、翌年に生涯投資枠は１００万円復活する仕組みです。

Q　制度が新しくなったのですか。

A　23年までのＮＩＳＡは２つの投資枠の性質を持つ２種類の制度に大きく分かれていました。いずれかの種類を選び、それぞれ非課税で運用できる期間が限られているなど、制度の複雑さや使い勝手の悪さが指摘されていました。24年からは２つの制度が一本化されたうえ、非課税期間が無期限になり、投資枠も拡大しました。

Q　ＮＩＳＡを積極的に利用した方が良さそうですね。

A　ＮＩＳＡで購入できる商品については基本的にそういえます。ただ、個別債券や外貨建てＭＭＦ（マネー・マーケット・ファンド）などＮＩＳＡ口座では投資できない金融商品もあります。課税口座では売却損が出たときに、ほかの利益と損失を通算して節税することができますが、ＮＩＳＡ口座はその対象外です。あくまで長期の運用で着実に利益を出すために使うのが基本になります。

株価の動きを示す「指数」
──成長を反映、運用に利点

日経平均株価の終値は前日比○○円高の3万××円でした──。ニュースで株式相場の動向は「株価指数」で説明されます。2024年2月には日経平均が34年ぶりに最高値を更新して話題になりました。株価指数はどのように計算され、使われているのでしょう。

Q　株価指数とは何ですか。

A　証券取引所に上場する企業全体など、特定の銘柄群の株価を示す指標です。企業の株価は日々変動しており、株価の上げ下げや、その程度は銘柄ごとに異なります。全体で見たときに、株価がどのように変化したかを知ることができます。

Q　日経平均やダウ平均という名前をよく聞きます。

A　日経平均は東京証券取引所プライム市場に上場する約1600社のうち225社の株

世界の主な株価指数

株価指数	指数を構成する銘柄
日経平均株価	東証１部に上場する225社
東証株価指数(TOPIX)	東証１部上場の全銘柄
ダウ工業株30種平均	米国を代表する30社(アップル、マクドナルドなど)
ナスダック総合指数	米ナスダックの全銘柄(テスラ、メタなど)
S&P500	米国の大型株500銘柄
FTSE100種総合株価指数	ロンドン証券取引所の時価総額上位100社 (BP、ブリティッシュ・アメリカン・タバコなど)
ドイツ株価指数	フランクフルト証券取引所の主要30社 (ダイムラー、アディダスなど)
上海総合指数	上海証券取引所に上場する全銘柄

価から算出します。対象の銘柄にはトヨタ自動車やソニーグループなどがあります。ダウ平均は「ダウ工業株30種平均」のことで、米国に上場する30銘柄で構成します。名前は「工業株」ですが、クレジットカード大手のビザやマクドナルドなど様々な業種が含まれます。いずれも投資家の関心が高い企業で構成され、日米の株価全体の動きを把握するのに役立ちます。

Q　株価の平均値が指数なのですか。

A　意味は近いのですが、厳密には違います。株価は銘柄ごとに数百円から数万円といった具合に水準が異なります。単純な平均値では全体の動きを表すとは限りません。指数を算出する際には決められた計算式を使います。企業の価値（時価総額）を勘案した指数もあります。

Q　ほかにはどのような指数がありますか。

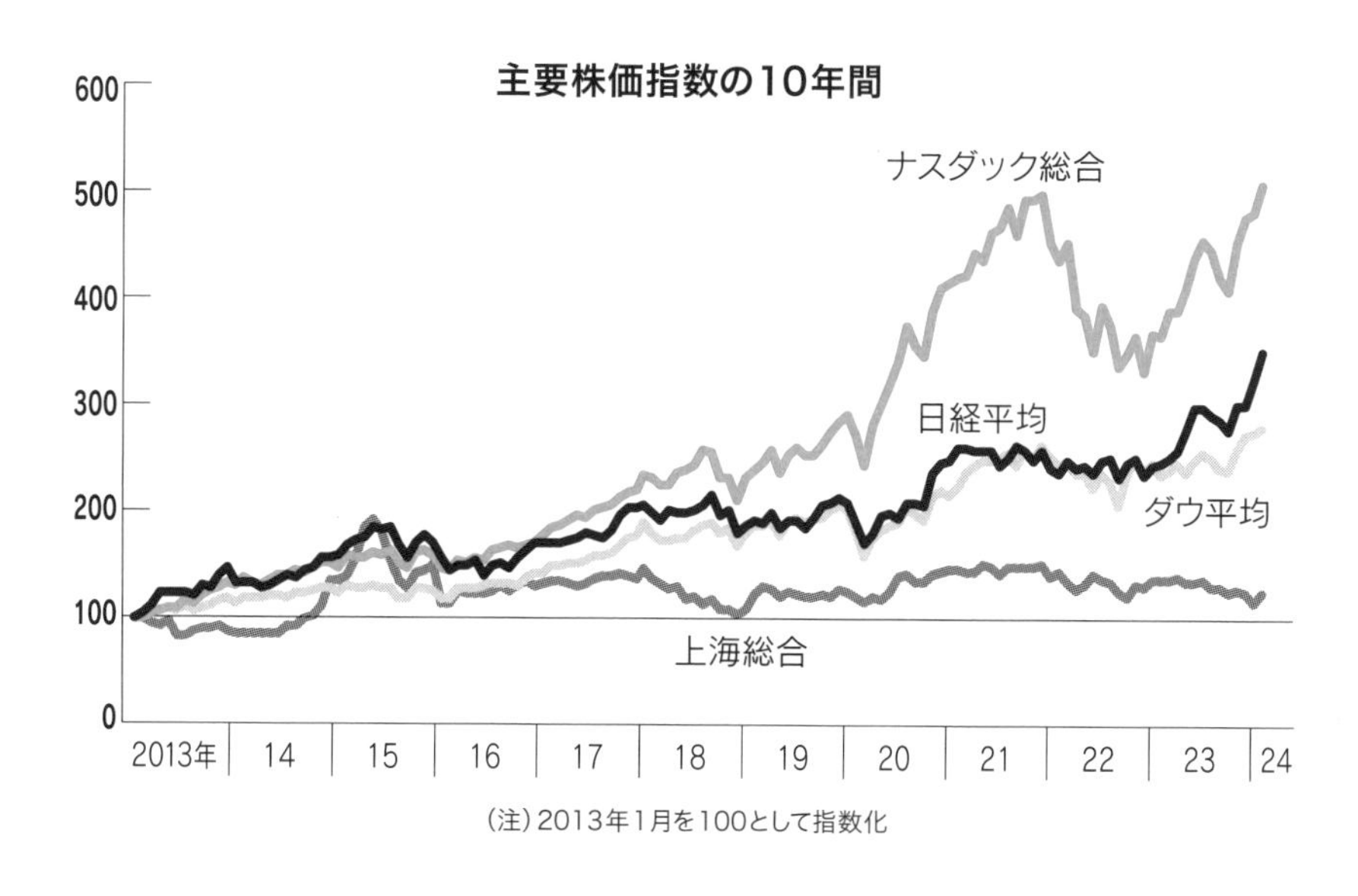

（注）2013年1月を100として指数化

A　国内では東証株価指数（TOPIX）も有名です。もともとは東証1部の上場企業すべてが対象でした。2022年の市場区分の見直しに伴い、流通株式100億円未満の銘柄は25年1月末までに構成比率が段階的に下げられます。他に、業種や規模で分類した銘柄群の指数もあります。同様に海外にも様々な指数があります。

Q　たくさんの指数は何に使われるのですか。

A　特定の銘柄群の値動きを把握するほか、資産運用でも活用されています。例えば投資信託には、株価指数に連動した運用成績になるようにする商品が多数あります。投資信託は投資家から集めたお金を株式などに投資します。指数に連動する投資信託では構成銘柄をルールに沿って売買します。

Q　指数での運用にはどんなメリットがあるのですか。

Ａ　まず、銘柄を個別に調べて投資するのに比べ手間がかかりません。着実な運用成績を狙うときも役立ちます。株式投資では投資先を分散すべきだとされています。経済が成長する前提では、利益を伸ばし株価を上げる企業が現れます。その企業への投資機会を逃さないためです。指数に連動した運用は対象の銘柄群に投資するのと同様の効果が得られます。長期的に上昇基調が続く指数もあります。

Ｑ　**米国の株価指数は日本より上昇している印象です。**

Ａ　一番の理由は対象となる企業の成長力の違いです。米国ではアップルやアマゾン・ドット・コム、メタなどのＩＴ（情報技術）大手、電気自動車のテスラなど、高成長の企業が次々に登場しています。ＳＭＢＣ日興証券の橘田憲和氏は「（ダウ平均などの上昇は）構成銘柄の入れ替えで成長力のある企業が加わるのも一因」と説明しています。

Ｑ　**上昇する指数の金融商品を買えばいいのですか。**

Ａ　そう単純ではありません。例えばハイテク銘柄が多いナスダック総合指数は過去に最高値を更新した後、大きく下げる場面がありました。運用成績は指数や時期などで大きく変わります。指数に連動する商品に投資する際は、その特徴を調べ、投資先や時期の分散をすることも重要です。

第4章

金融商品がわかる

投資信託の仕組み
――長期の運用、手数料に注意

老後に向けた資産形成のために投資を始める人が増えています。初心者が長期での着実な運用成果を求める場合、有力な選択肢として投資信託（投信）が挙がります。なぜでしょうか。

Q　投信とはどのようなものですか。

A　多くの人からお金を集めて運用する金融商品です。運用会社が集めたお金を株式や債券といった資産に投資し、値上がり益や配当収入を狙います。運用により資産の価値が高まれば、投資信託の価値（価格）も上がります。日本には約６０００本の投信があるとされ、銀行や証券会社などで販売されています。

Q　自分で直接、株などを買うのとは、何が違うのですか。

A　投資で着実な利益を求める場合、広く様々な資産に投資することがよいとされています。例えば、ある1社の株を買ったとしましょう。その会社が成長すれば株価は上がりま

投資信託の基本的な仕組み

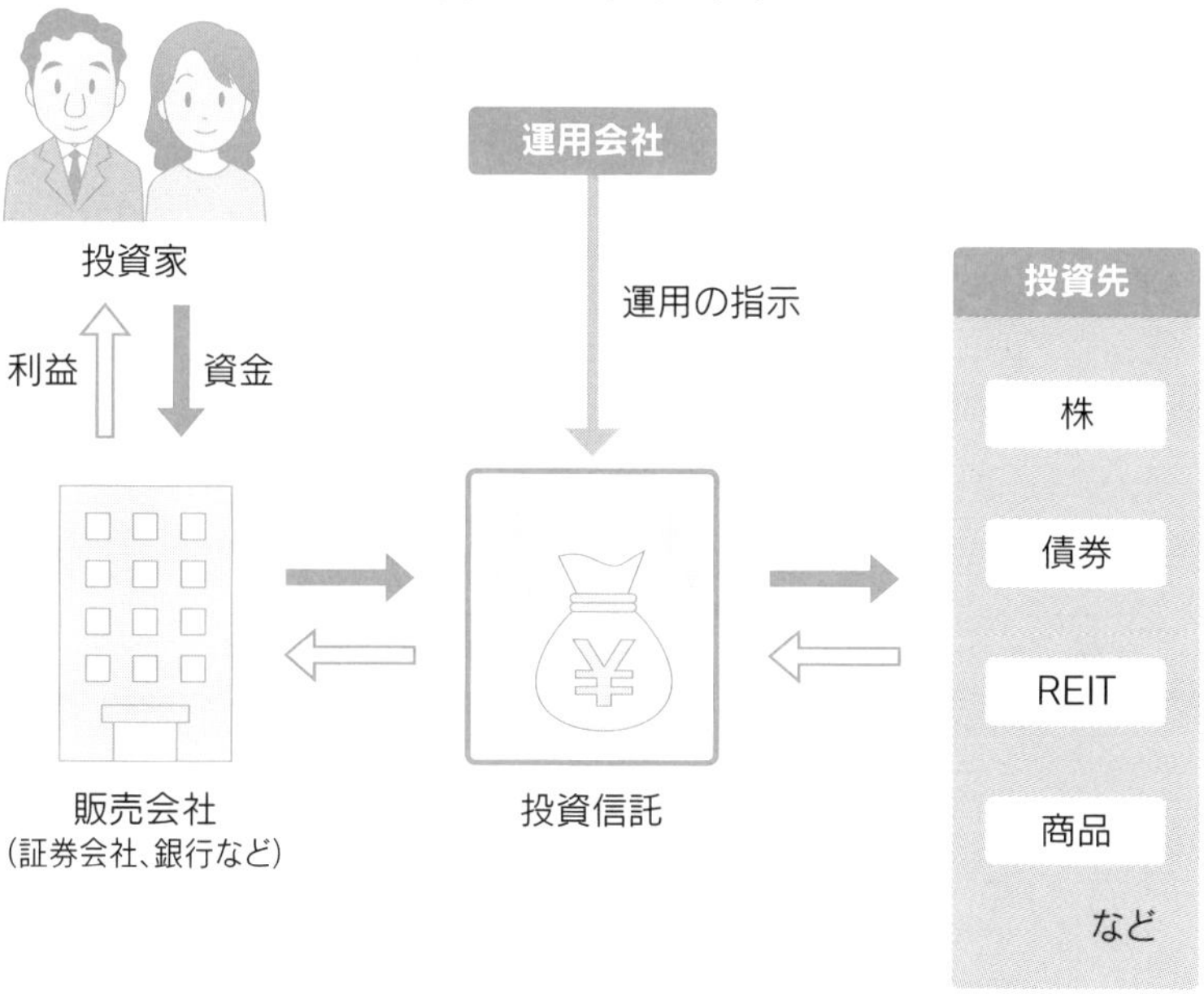

すが、破綻すれば価値はゼロです。様々な会社に投資すれば全体として損をする可能性は下がります。1人の資金でたくさんの株や債券などを買うのは困難ですが、多くの人のお金を集めれば難しくはありません。

Q **あまりお金がありません。**

A 投信は株式などに比べ少額から購入（投資）できるのも魅力です。インターネット証券などでは100円から購入できます。最近増えているのは積み立て投資と呼ばれるもので、毎月1000円といった金額を買い続けます。購入できる投信は金融機関などにより異なります。

Q **どのように商品を選んだらよいでしょうか。**

A 投信はまず、投資する資産で大きく分

けることができます。株式や債券、不動産投資信託（ＲＥＩＴ）などがあります。地域でも、投資先を日本に絞ったもの、日本以外の先進国や新興国に投資するものなどに分類できます。国内外の株や債券など様々な資産に分散して投資する「バランス型」と呼ばれるものもあります。

Q　ほかにも分け方があるのですか。

A　株式などの指数に連動した運用成績を目指す「インデックス型」と指数を上回る運用成績を目指す「アクティブ型」があります。インデックス型は、例えば株式なら日経平均株価やダウ工業株30種平均といった指数と資産の価値が連動するように株を売買します。アクティブ型はファンドマネジャーと呼ばれる運用のプロが投資先を調べ、タイミングも考慮した売買をします。

Q　初心者向けの商品を教えてください。

A　ファイナンシャルプランナーの風呂内亜矢さんは「手数料が比較的安い、バランス型投信がお薦め」と話しています。１つの投信で様々な資産に投資する効果が得られるためです。またインデックス型も「ニュースなどで投信が連動する指数の動きが把握しやすいのが魅力」と言います。

投資信託の主なタイプと投資先

タイプ	投資先の例
株式型	国内株、先進国株、新興国株、テーマ株
債券型	国内債、先進国債、新興国債
REIT型	国内REIT、海外REIT
バランス型	国内外の株式や債券など

Q **購入時の注意点は。**

A 投信は購入時や売却時に手数料がかかることがあります。また、いったん購入すると保有している間は信託報酬と呼ばれる費用が毎日少しずつ運用する資産から引かれます。費用の水準は商品ごとに異なり、長い間では運用結果に大きく影響します。アクティブ型の信託報酬は比較的高く、年率で1～2％といったものが目立ちます。一方のインデックス型は1％を下回るケースが多く、0・1％を切るものもあります。

Q **なぜ差が出るのでしょう。**

A インデックス型はいわば機械的に資産を売買しますが、アクティブ型はファンドマネジャーの人件費などがかかりがちです。同じ指数への連動を目指すインデックス型投信でも、商品や販売会社によって手数料などが異なる場合があります。同じ運用成績なら費用が安い方が、投資家の利益は大きくなります。手数料などは投資信託の目論見書などを見れば分かります。

分配金の注意点
――元本か利益か、原資を確認

資産形成の一環で投資信託を保有する人は多いでしょう。投信を購入すると、定期的に「分配金」を受け取れる場合があります。お金をもらえると悪い気はしませんが、分配金が多い投信が優れているとは限りません。

Q　投信の分配金とは。

A　投信は投資家から集めたお金を株や債券などで運用し、利益を狙います。運用する資産の中から、投資家に払うお金が分配金です。1カ月や1年など商品ごとに決められた決算時に払われる点は、株式の配当に似ています。頻度や分配金の水準は運用会社が決め、商品ごとに異なります。

Q　分配金が多いほうが良さそうに見えます。

A　単純にそうとはいえません。分配金には「普通分配金」と「特別分配金」の2種類が

投資信託の仕組み

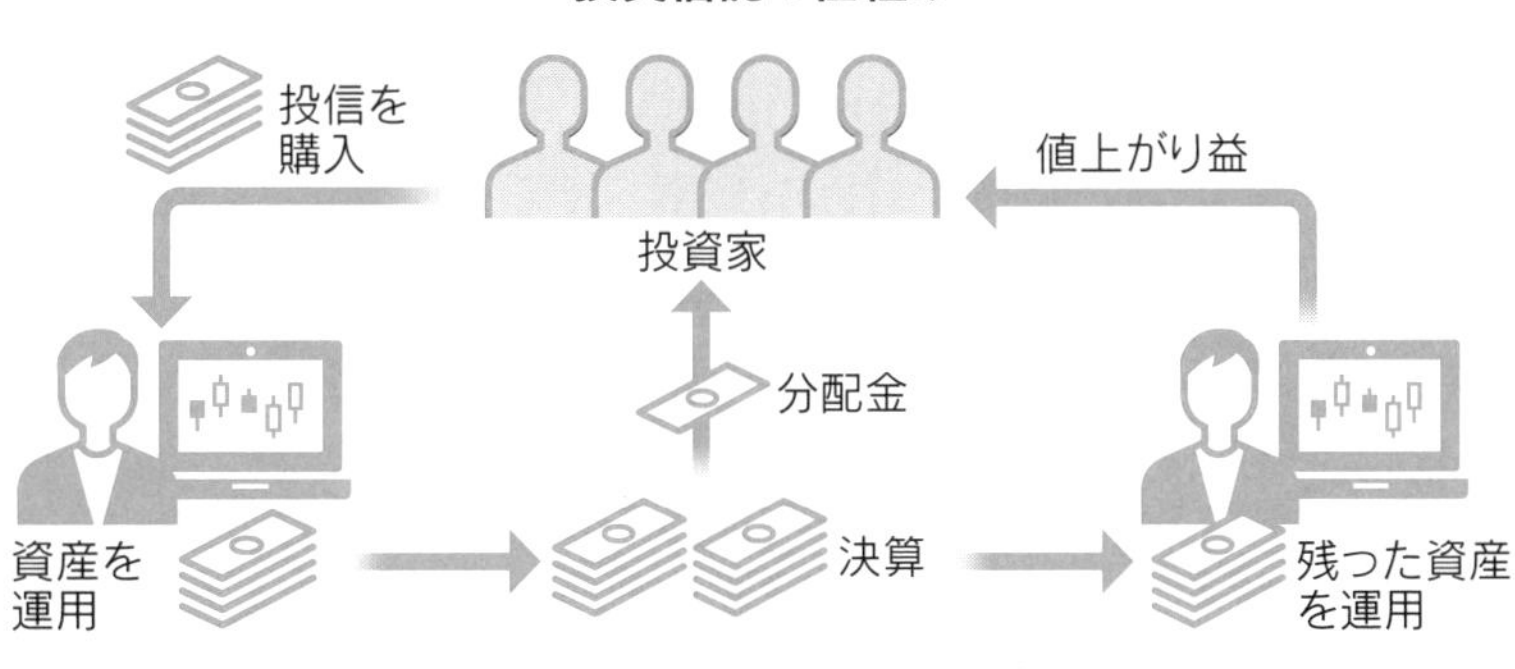

あります。普通分配金は運用で得た利益を基に支払います。一方、特別分配金の原資は元本です。分配金のすべてが元本の払い戻しなら、投資家にもうけはなく、むしろ手数料分を損しているともいえます。

Q　**分配金の中身を見なくてはいけないのですね。**

A　自分が受け取った分配金がどちらかは、決算ごとに投資家に送られる「通知書」などに記載されています。普通分配金と特別分配金の両方を出すケースもあります。分配金には投信ごとに基本的な方針があります。

Q　**具体的に教えてください。**

A　まず、分配金を出すかどうかで分かれます。例えば株価指数に連動する運用成績を目指すインデックス型の投信の多くは原則分配金を出しません。運用で発生した利益は運用資産に加え、利益が利益を生む複利効果を狙います。

Q　**分配金を出すタイプは。**

投資信託の分配金イメージ

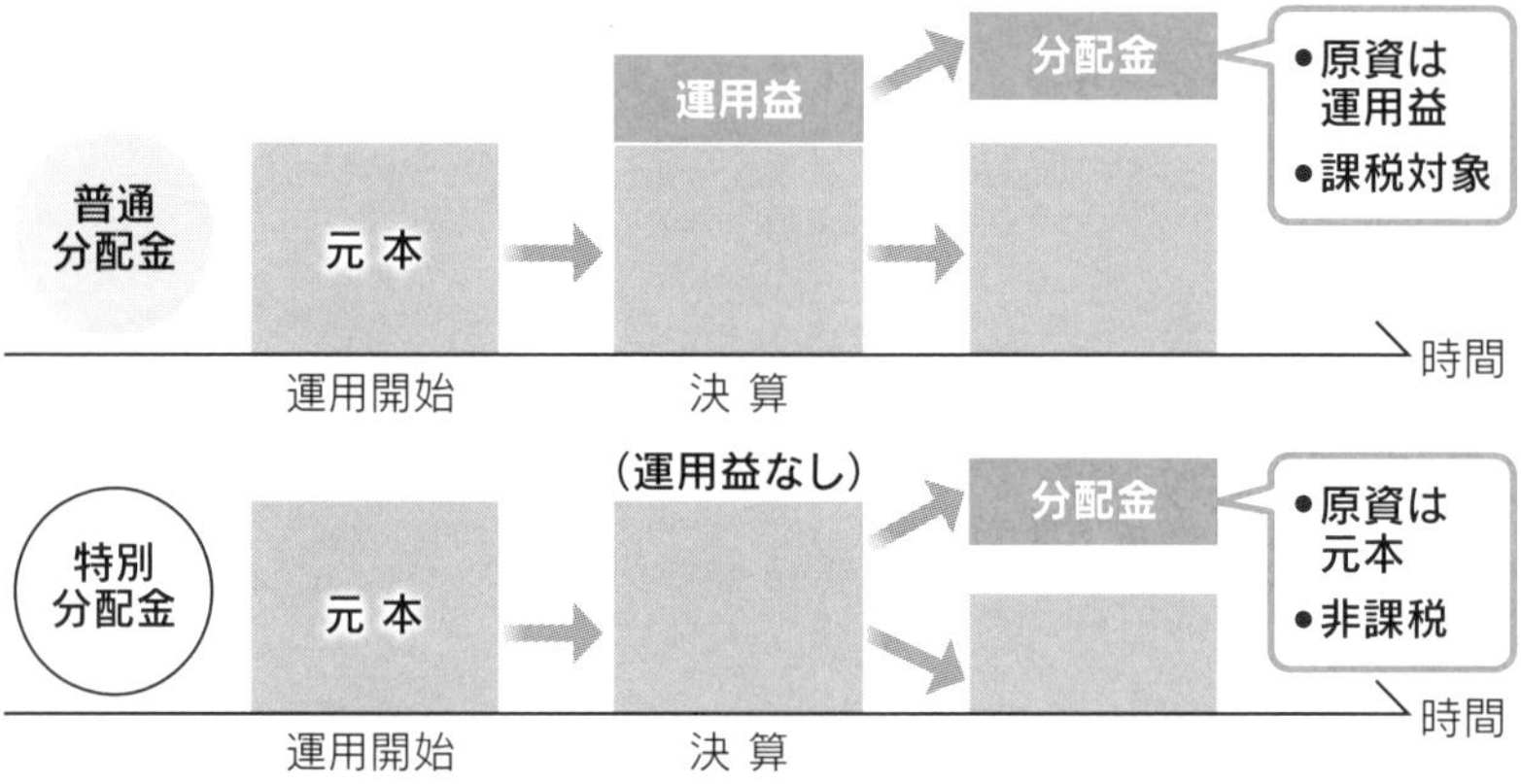

普通分配金
元本 → 決算（運用益）→ 分配金
運用開始　決算　時間
・原資は運用益
・課税対象

特別分配金
元本 → 決算（運用益なし）→ 分配金
運用開始　決算　時間
・原資は元本
・非課税

A　まず、毎月や2カ月に1度など定期的に分配金を出すものが挙げられます。分配金の水準は大きく変動しないことが多く、特別分配金が含まれるケースもあります。投信の値段である基準価格により分配金を決めるタイプもあります。運用が好調なら分配金が多く、不調の場合は少なくなります。分配金の額が安定した商品に比べ、特別分配金で元本を取り崩す影響が少ないとされます。

Q　**分配の方針を調べる方法を教えてください。**

A　投信の目論見書に書かれています。分配をしない方針なら「原則として分配を抑制する方針」など、毎月分配型なら「原則として年12回、収益の分配をします」といった記載があります。過去の分配金の実績を確認するのも一案です。ただし後から方針が変わることもあります。

Q　**どれを選ぶか迷います。**

A　長期の資産運用では分配金を原則出さない方針の投信を選ぶのが基本といえます。複利効果により運用の効率が

主な投資信託の分配方針

方針(原則)	特徴
分配金を出さない	●運用益は再投資するのが原則 ●長期投資向き
定期的に分配	●毎月など頻繁に分配金を出す ●実質の損益が分かりにくいことも
運用成績に応じ分配	●基準価格により分配金が決まる ●不調時に分配金は出ないことも

高まるからです。いったん分配金を受け取って再投資する手もありますが、普通分配金には約20%の税がかかるので、得策とはいえません。

Q **分配金が出る商品が少なくない印象です。**

A 毎月分配型などは年金生活の高齢者などに根強い需要があるといわれます。まとまった金額を購入すると、毎月、安定した収入(分配金)が得られます。運用成績が良ければ、利回りが高い金融商品ともいえます。少しずつなら元本を払い出すことも許容できるでしょう。ただ、投信の中には、分配する原資を確保するためにリスクが高い運用をしている、元本を大きく取り崩して分配金の水準を維持しているといったケースもあります。

Q **どのように見極めたら良いのでしょうか。**

A 投資家に発行する運用報告書や取引報告書などが手掛かりになります。楽天証券経済研究所の篠田尚子ファンドアナリストは「特別分配金の支払いが長く続いていたり、投信の基準価格が長期間下がり続けていたりする場合は、運用がうまくいっていない可能性があるため注意が必要」と指摘しています。

ＥＴＦの仕組みと特徴
──株と同様に売買、費用安く

長期の資産運用で欠かせないのが投資先の分散です。その手段として有効とされるのが投資信託の活用です。投資信託にはＥＴＦと呼ばれる種類があり、世界で利用は広がっています。

Ｑ　ＥＴＦとは何ですか。

Ａ　上場している投資信託のことです。名前は「Exchange Traded（上場）Fund（投資信託）」の略で、東京証券取引所には240本以上が上場しています。日経平均株価や東証株価指数（ＴＯＰＩＸ）といった指数に連動するよう運用されます。１つのＥＴＦを購入すると、指数に組み込まれた株などの資産それぞれに投資するのと同じ効果が得られます。

Ｑ　通常の投資信託とは何が違うのですか。

Ａ　一番の違いは株式のように取引時間中に価格が動くことでしょう。売買する値段を指定する「指し値注文」や取引の成立を優先する「成り行き注文」が可能です。相場の急落

ETF・株式・投資信託の違い

	ETF	株式	投資信託(非上場)
販売窓口	証券会社		証券会社や銀行など
取引価格	取引時間中に変動		1日に1つ決まる
取引時間	取引所の取引時間		販売会社による
取引の方法	市場で売買(成り行き・指し値)		販売会社に申し込み
保有中の費用	信託報酬など(投信より低いことが多い)	なし	信託報酬など
銘柄数	245	約3700	約5700

(注)銘柄数はETF、株式は東証上場分でETFが2021年10月11日、株式は9月末時点。投資信託は投資信託協会調べでETF除く、同8月末時点

時に購入するといった対応がしやすいといえます。通常の投信は1日に1つ決まる基準価格で購入・換金します。申し込み時点で取引価格はわかりません。

Q **ほかにもありますか。**

A ETFは一般に保有銘柄を毎日開示するなど情報の透明性が高いとされます。通常の投信は金融機関で品ぞろえが違いますが、国内ETFは基本的にどの証券会社でもほぼ全て取引できます。販売会社への申し込みではなく市場で取引するため、投資家が運用コストを抑えやすいのも特徴です。東証上場のETFは指数に連動するインデックス型のほか、指数を上回る運用成績を目指すアクティブ型もあります。

Q **海外に多いのですか。**

A 資産運用大手の米ブラックロックによると

２０２１年９月末時点で世界のＥＴＦは９６５０本、純資産総額は約９兆３０００億ドル（約１０３０兆円）に達します。08年の金融危機以降、低コストのインデックス運用が広がりました。特に米国では個人に任されてお金を運用する投資アドバイザーが「情報の透明性が高いＥＴＦを利用する場合が多い」（ブラックロック・ジャパンの越前谷道平ＥＴＦ事業部長）そうです。

Ｑ　国内のＥＴＦにはどのような種類がありますか。

Ａ　国内外の株や債券、不動産、金や原油など幅広くあります。株には日経平均や米Ｓ＆Ｐ５００種株価指数といった主要な指数のほか「高配当」「女性活躍」など特定の特徴を持つ企業に投資するものもあります。多くが数千～数万円から購入できます。

Ｑ　多く取引されているものには何がありますか。

Ａ　国内の個人投資家に人気が高いのはレバレッジ型などと呼ばれる特定の指数の変動率に対して2倍といった一定の倍数の値動きになるものです。特性上、「短期売買向きで長期保有には向かない」と野村アセットマネジメントの渡辺雅史チーフ・ＥＴＦ・ストラテジストは指摘します。日本株ＥＴＦの国内最大の買い手は日銀です。10年12月から購入しており、国内ＥＴＦの純資産総額約61兆円のうち約52兆円（21年3月末時点）を占めます。

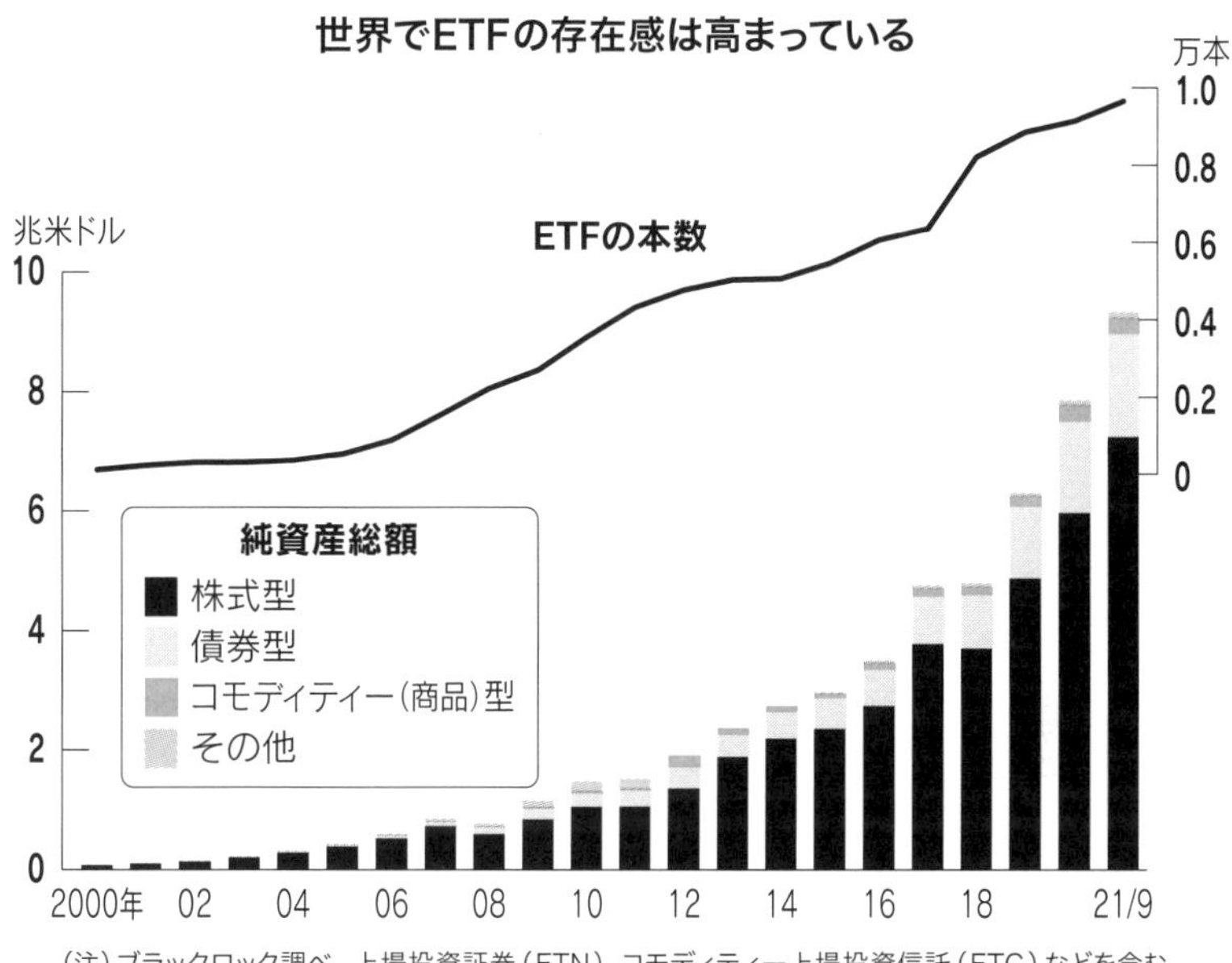

(注)ブラックロック調べ。上場投資証券(ETN)、コモディティー上場投資信託(ETC)などを含む

Q 投資するにはどうしたらいいですか。

A 証券会社に口座を開けば取引ができます。独立系投資助言業のRIA JAPANおカネ学(東京・中央)の安東隆司代表取締役は「初心者はS&P500やMSCI全世界株式指数など有名な指数に連動する純資産総額の大きな銘柄が無難」と話します。

Q 注意点はありますか。

A 銘柄によって流動性が低く、取引が成立しにくいことがあります。東証は証券会社や専門業者が継続的に売買注文を出すマーケットメイク制度を始めています。ETFは分配金を自動的に再投資する機能がありません。積み立て投資では通常の投信に比べ手間がかかる場合もあります。

ＲＥＩＴの仕組みと種類――ビル・倉庫、個人も「大家」に

マンションなどを購入して賃貸し家賃収入を得る不動産投資。安定した「利回り」を狙えるとされますが、実際にするには数千万円といったまとまった資金が必要です。不動産投資信託（ＲＥＩＴ）を使えば、より少ない資金で同様の資産運用ができます。

Q　ＲＥＩＴとは何ですか。

A　英語の「Real Estate Investment Trust」の略です。投資家から集めたお金で不動産を取得し、収益を狙う金融商品です。オフィスビルなどの不動産を購入し、入居者から家賃を得ます。収入から不動産を管理するコストなどを引いた「利益」を投資家の持ち分に応じて分配します。多くの投資家から資金を集めるため、大きなビルを取得したり複数の不動産を取得したりできます。投資家はＲＥＩＴを通じて不動産を所有する小口の「大家」といえます。

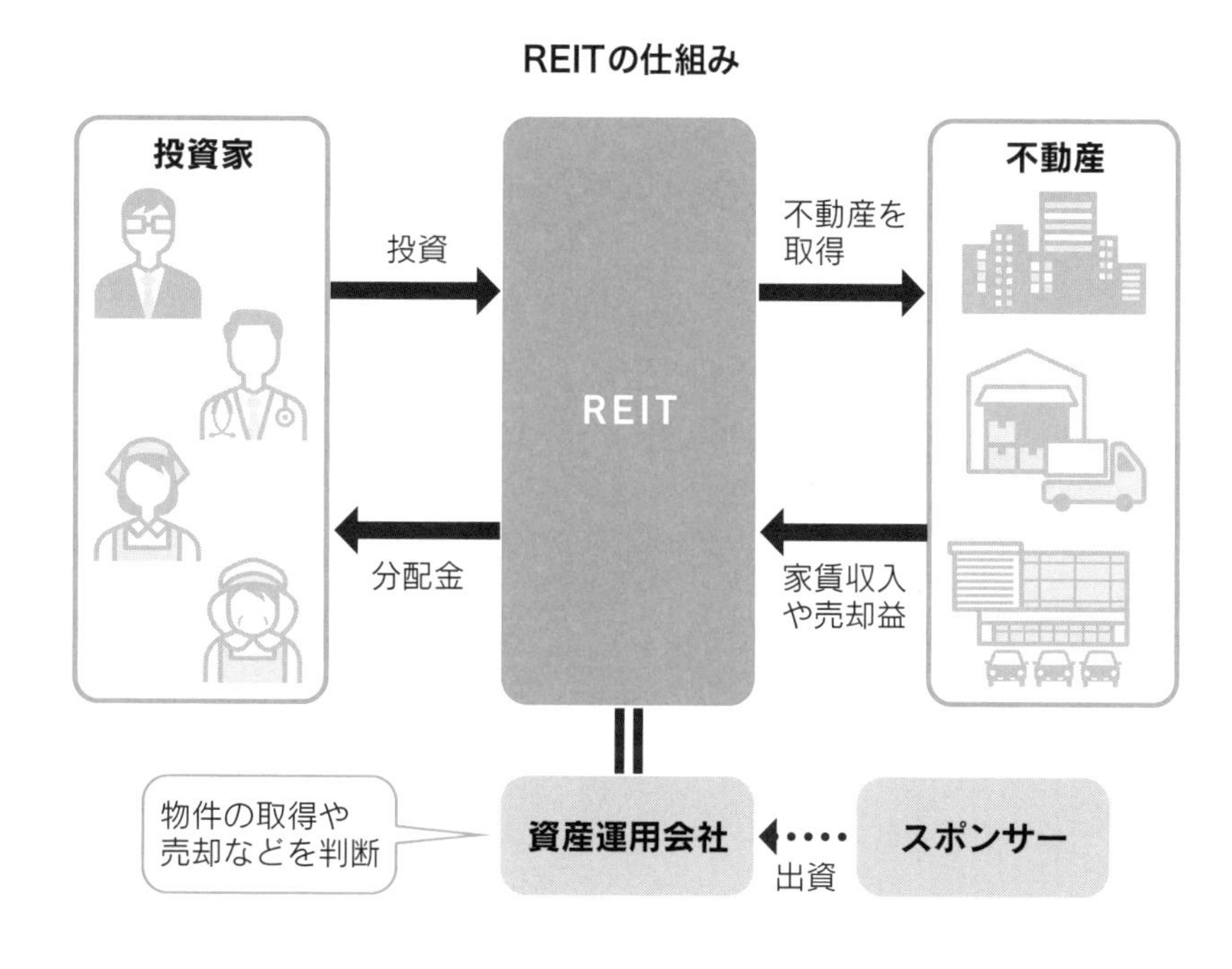

Q 投資する不動産はオフィスビルだけですか。

A マンションや商業施設、物流施設など様々な種類があります。投資する不動産の種類（用途）はREITによって異なり、複数の種類に投資する複合型・総合型と呼ばれるものもあります。REITの収入は主に取得した不動産から得る家賃です。ホテルでは宿泊料などが収入になることもあります。保有する不動産を売却して利益を得る場合もあります。

Q 収入が変化するのですね。

A REITの収入は家賃や入居率などで決まります。例えばオフィスビルは景気の影響を受けやすく、好況時には入居率が高く、家賃も上がりがちです。一方、マンションは家賃が変わりにくく、景気の影響が少ないとされています。収入の増減は分配金の額に影響します。

Q　**投資する不動産は誰が決めているのですか。**

A　どの不動産に投資するかはＲＥＩＴの資産運用会社が決めます。物件の立地や規模、期待できる家賃などを分析して不動産を取得します。不動産の取得では資産運用会社の大株主（スポンサー）がＲＥＩＴに情報提供などの支援をすることがあります。スポンサーには不動産会社や商社が目立ち、ＲＥＩＴの銘柄を選ぶ際の手掛かりにもなります。

Q　**ＲＥＩＴに投資する方法を教えてください。**

A　東京証券取引所にはＲＥＩＴが約60本上場しており、誰でも投資できます。企業の株式にあたる投資口を売買します。１投資口あたりの価格（投資口価格）は数万～数十万円が大半です。株価と同様に投資口価格は変動します。利益が拡大する期待が高まれば上昇し、逆の場合は下がりがちです。２０２０年春に株式相場が急落した局面ではＲＥＩＴ相場も大きく下がりました。

Q　**どのくらいの分配金が受け取れるのでしょうか。**

A　分配金は年２回受け取れることが多く、上場ＲＥＩＴの予想ベースの分配金を投資口価格で割った利回りは、23年末時点で平均４％台でした。上場企業の配当利回りの平均に

REITの種類

種 類	主な投資物件や特徴など
住 宅	賃貸マンションに投資する。収益が景気に左右されにくいとされる
物流施設	運送会社やインターネット通販会社の倉庫など。新型コロナウイルスの影響で需要増も
オフィスビル	入居者が企業のため、景気の影響を受けやすい
商業施設	ショッピングモールや大規模スーパーなど。テナントが退去すると収益が減る
ホテル	ホテルの経営状況が収益に影響し、宿泊客の減少が続くなどすると収益が悪化しやすい
ヘルスケア施設	有料老人ホームやサービス付き高齢者向け住宅など介護施設。将来は需要が拡大するとの見方も
複合型・総合型	オフィスビルと商業施設といった2種類以上の物件に投資する

比べ高い水準です。利回りが高い一因は「利益の90％超を投資家に還元するなどの条件を満たすと、法人税が実質的にかからない仕組みのため」とSMBC日興証券の中田亨エクイティ・マーケティング部業務推進課長は解説します。

Q 購入した後、値下がりするのが心配です。

A REITは値上がり益よりも分配金を狙うのが基本とされます。通常、不動産の価格や家賃は短期間に大きく変化しないためです。ファイナンシャルプランナーの深野康彦氏は「REITで分配金を確保すれば、資産運用の成績安定につながる」と指摘します。個別のREITに投資するのも一案ですが、複数のREITに投資する投資信託なら、より少額で投資先を分散することができます。

ＦＸの仕組みと特徴
――高い資金効率、リスクも比例

外貨に投資する手段には外貨預金など様々な手段があります。中でも為替相場が大きく動く局面で取引が活発になるのが外国為替証拠金取引（ＦＸ）です。どのような仕組みなのでしょう。

Q　外貨に投資するメリットを教えてください。

A　最も大きいのは為替相場の変動による利益でしょう。多くの国の貨幣の相対的な価値はそのときどきで変わります。例えば1ドル＝１３０円のときにドルを購入し、１ドル＝１５０円まで円安が進行すれば、単純計算で1ドル当たり20円の利益が出ます。円安は輸入品の価格を押し上げますが、外貨投資には、その影響を抑える効果もあるといえます。

Q　外貨投資はＦＸが便利だと聞きました。

A　ＦＸは外貨に投資する方法の一つです。ＦＸ会社に口座を開いて一定額の現金を「証拠金」として預けると、取引ができます。通常、通貨を交換するときには手数料などがか

外貨預金とFX

	外貨預金	FX
為替差益の機会	円安になった場合	円安・円高の両方
取引コスト	比較的高い	比較的安い
取引時間	営業時間内	原則24時間
利子の受け取り	満期時や解約時など	毎日（スワップポイント、マイナスも）
取引できる金額（レバレッジ）	資金の1倍	資金の1～25倍

（注）会社やサービスにより異なる場合がある

かります。FXは取引にかかる費用が安いため、相場の小さな動きでも利益が出しやすいとされます。

Q　外貨預金とは何が違うのですか。

A　外貨預金は通常、手持ちの円を米ドルやユーロなどの通貨に交換して銀行に預けます。FXでは外貨を直接持つのではなく、取引による利益や損失を証拠金に反映させます。例えば米ドルを1万ドル買ったら、いつかは1万ドルを売る取引（反対売買）をして損益を確定させます。その結果、証拠金が増えたり減ったりします。

Q　取引の上ではどのような違いがありますか。

A　FXの特徴の一つは「売り」から取引を始められることです。外貨預金は通常、最初に円で外貨を買うことになるので、その時点より円安にならないと為替の変動による利益（為替差益）は得られません。FXでは外貨を売って買い戻す取引ができます。そのため円高局面でも利益を出せます。

損益は証拠金に反映される（イメージ）

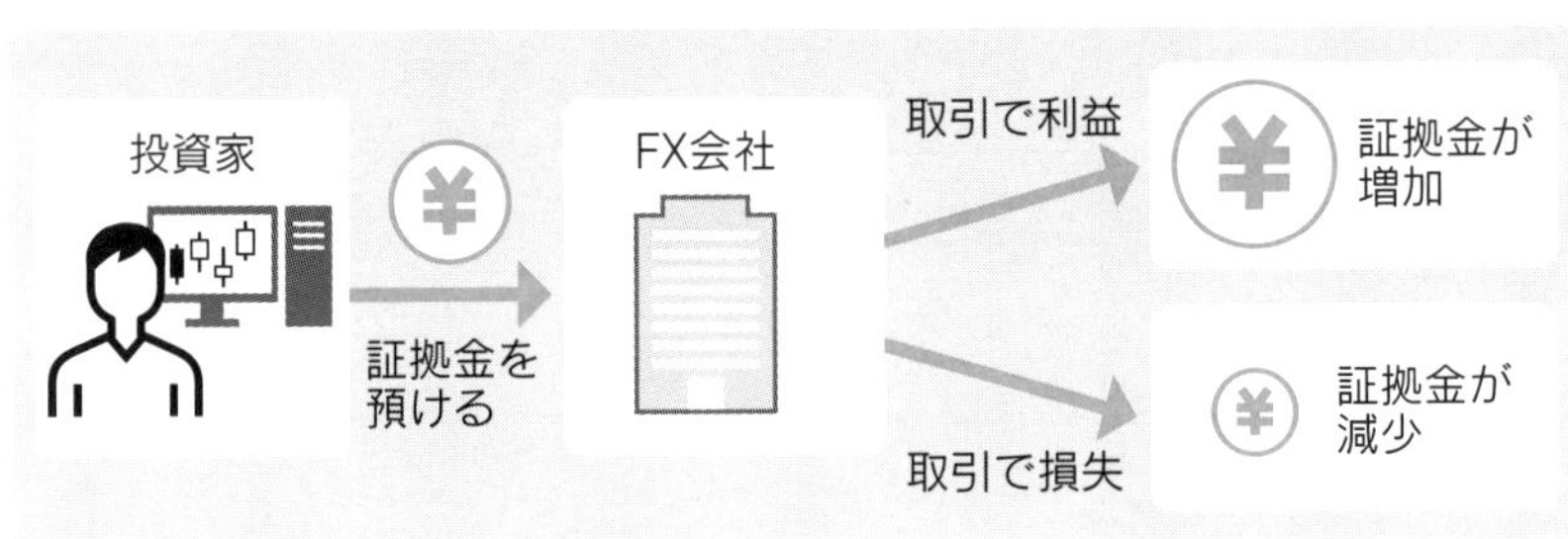

Q　ほかにもありますか。

A　手持ちの資金よりも大きい金額の取引ができます。レバレッジ（テコ）と呼ばれ、証拠金の最大25倍の取引が可能です。例えば１ドル＝１５０円で1万ドルを買い、１ドル＝１６０円で売った場合、手数料などを除けば10万円の為替差益を得られます。同様の取引を外貨預金でするには１５０万円が必要ですが、ＦＸなら証拠金６万円で可能です。ＦＸは元手が小さい分、資金効率が高いといえます。

Q　損失も大きくなりやすいのでは。

A　その通りです。高いレバレッジをかけると利益と同じく損失が大きくなるリスクも高まります。相場が急変した場合には、強制的に損失を確定する取引を実行する「ロスカット」というルールもあります。

Q　どのようなルールですか。

A　買った（売った）外貨が大きく値下がり（値上がり）し「含み損」が基準に達すると自動的に反対売買をします。基準はＦＸ会社や顧

ロスカットの例

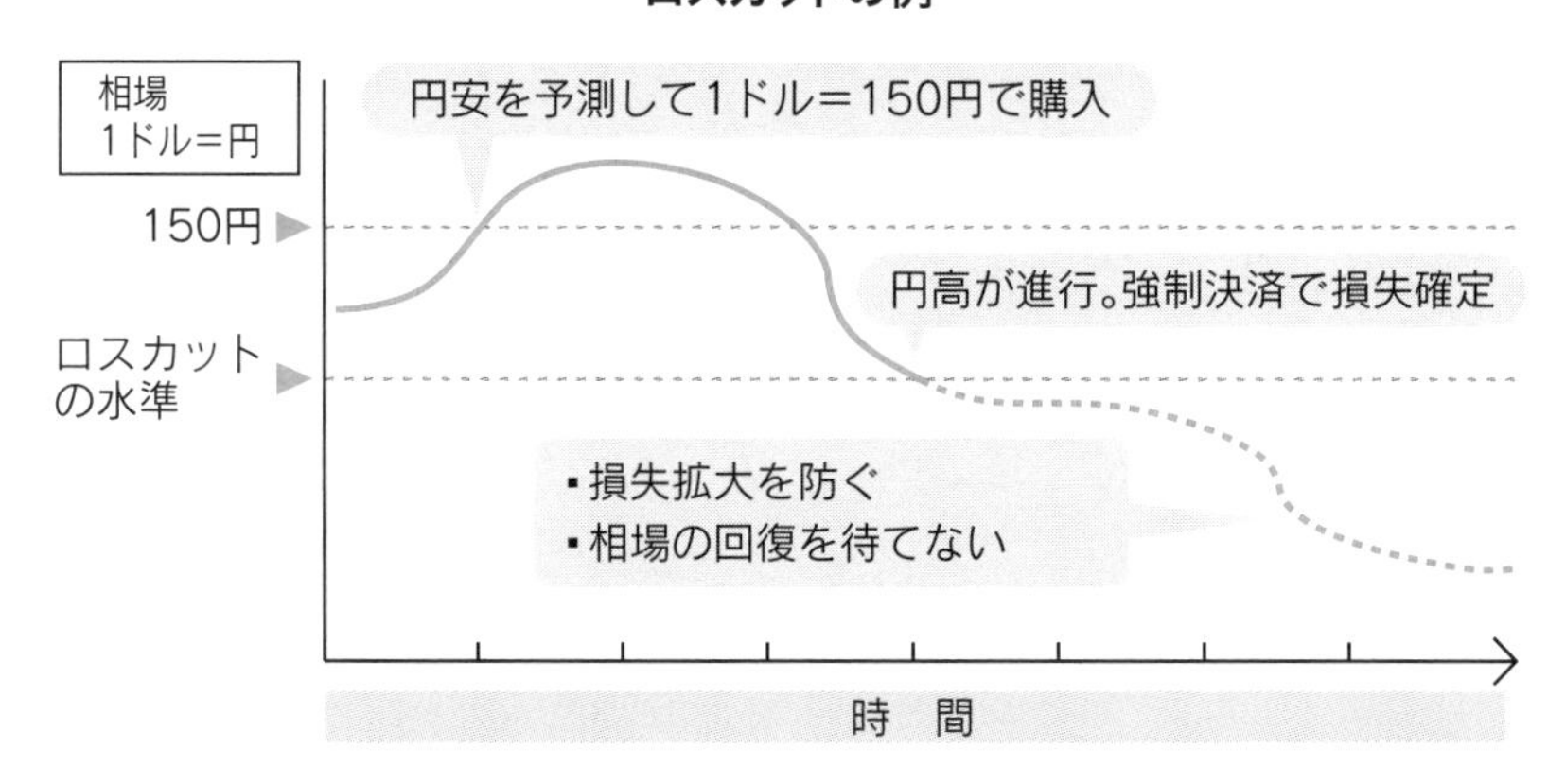

客の取引内容により異なりますが、ロスカットになると投資家は証拠金の大半を失います。ロスカットは損失の拡大に歯止めを掛ける一方、相場の回復を待つ機会を失わせます。相場の変動が大きいと証拠金を上回る損失もあり得ます。外為どっとコム総研の宇栄原宗平氏は「ロスカットのリスクが高まる、高いレバレッジを設定するのは避けるべきだ」と指摘します。

Q　外貨預金のように利息は付かないのですか。

A　日本のような低金利の国の通貨を売って、金利の高い国の通貨を買うとスワップポイントと呼ばれる利益が得られます。スワップポイントはその通貨を売るまで毎日、証拠金に反映されます。低金利の国の通貨を買って高金利の国の通貨を売ると、スワップポイントを払う場合もあります。

為替相場の決まり方
——銀行間で取引、需給を反映

「円安」や「ドル高」といった言葉をニュースでよく目にします。為替相場の変化は、輸入品の価格に影響するなど家計にも大きく影響します。それでは、為替相場はどのような仕組みで決まっているのでしょう。

Q　外国為替とは何ですか。

A　異なる通貨を交換することです。外国のモノを買うには原則として、その国の通貨（外貨）が必要となります。例えば米国に旅行に行くなら、現地で買い物をするのに備え、日本円を米ドルに交換します。企業が海外の企業と取引をするときにも外貨が必要となることがあります。

Q　企業などはどこで外貨を手に入れるのですか。

A　一般に米ドル、ユーロといった外貨の交換は、銀行でします。例えば日本の輸出企業

外国為替市場の取引イメージ

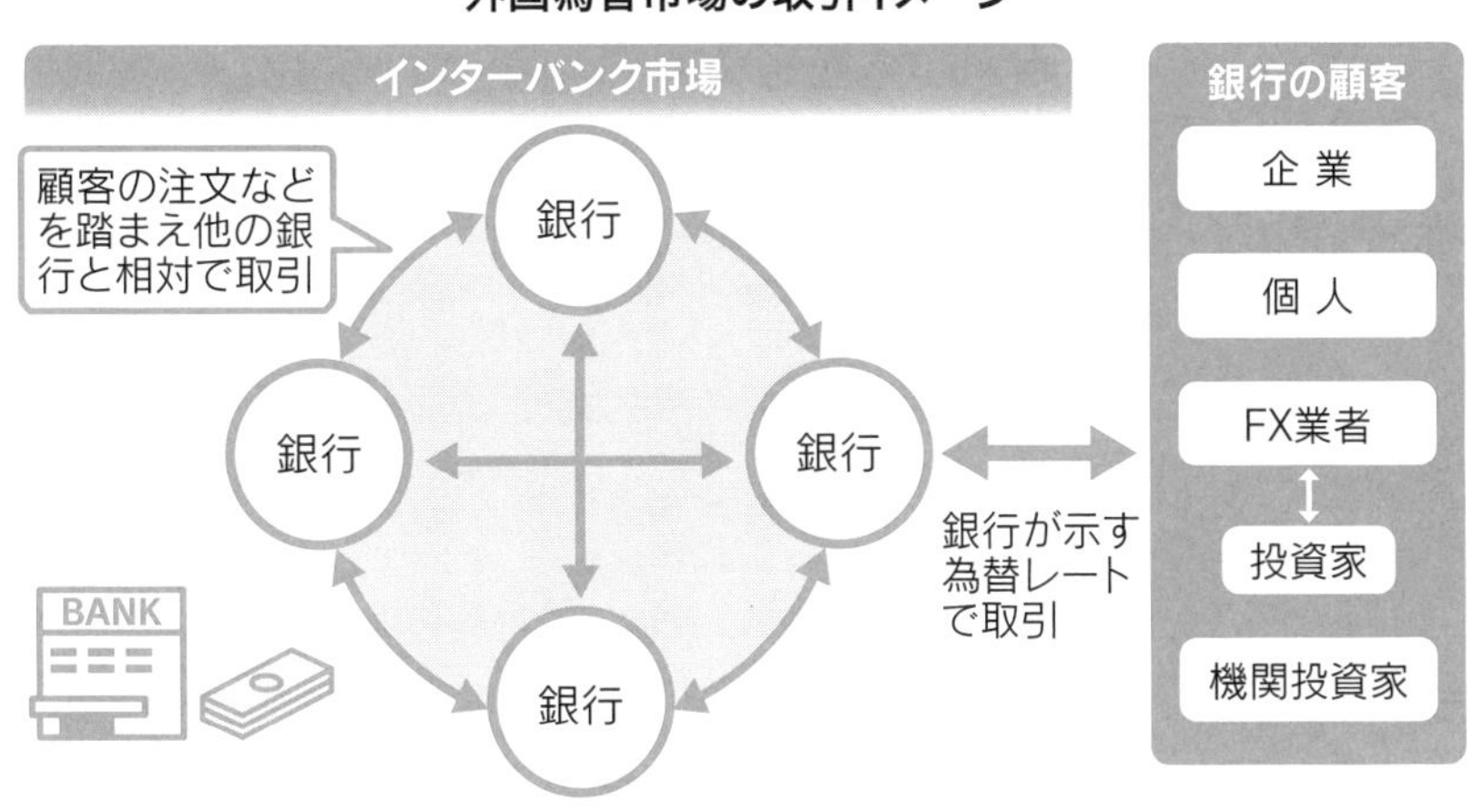

が海外でモノを売った場合、買い手から受け取った外貨を銀行で日本円に替え、給料の支払いなどに充てます。銀行は顧客の需要に応えられるよう、外貨を用意します。

Q 銀行はどこから外貨を調達するのでしょうか。

A 異なる通貨を交換（売買）する外国為替市場からです。ニュースなどで外国為替市場と呼ぶのは、銀行間で取引をする「インターバンク市場」のことです。市場と呼ばれますが、取引所のような場所があるわけではありません。銀行などの市場参加者がそれぞれ相対で取引をしています。

Q ニュースで出てくる「東京外国為替市場」とは。

A 一般に日本時間の午前8時ごろから午後5時ごろまでの取引を指します。外国為替市場は24時間開いており、主に取引する銀行が存在する都市名で取引時間を便宜上区切ります。日本での取引が落ち着くと、ロンドン、ニューヨーク、ウェリントン（ニュージーランド）へ取引

外国為替取引が活発になる時間帯

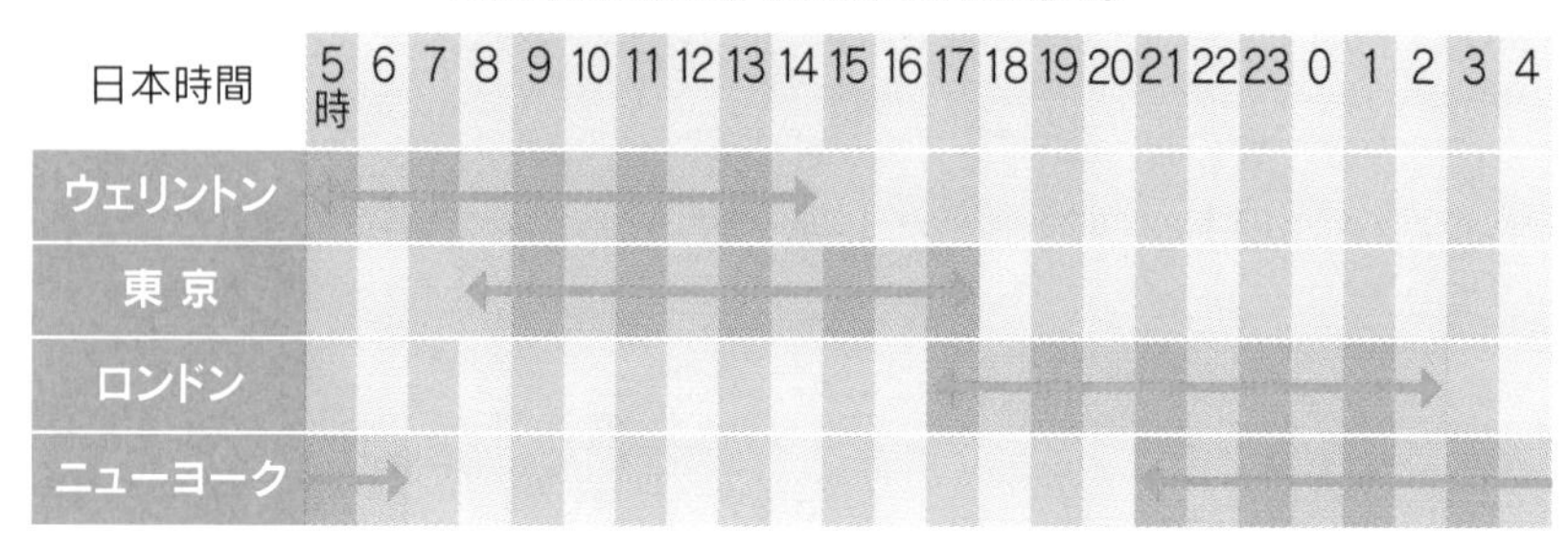

（注）時間は目安。季節などで変わることがある

の中心は移ります。

Q　具体的な取引の手順を知りたいです。

A　取引に参加する銀行などは通常、複数の取引相手と相対で取引できる仕組みを整えています。それぞれが「１ドル＝１３０円で１００万ドルを購入（売却）」といった具合に希望するレートと通貨の量を提示します。売り注文（買い注文）に応じる銀行があれば取引が成立します。取引単位は１００万ドルなどと大きく、参加するには資金力が必要です。

Q　為替レートはどのように決まるのでしょうか。

A　銀行は条件を自動で照らし合わせるシステムを使い、自分に有利な相手を選び取引をします。他の銀行が提示するレートや注文の量、相場の方向感などを踏まえ「自らが不利にならないよう提示するレートを変えている」と外為どっとコム総合研究所の高橋進吾氏は話します。一つ一つは相対ですが、同時に膨大な数の取引が成立しており、ある時点でのレートは一定の水準に集まります。

通貨を取引する主な目的

銀行	●顧客との取引用に外貨を取得 ●為替差益を狙う取引
企業	●輸出で稼いだ外貨を円に両替 ●輸入に必要となる外貨の購入
個人	●海外旅行での利用 ●為替差益を狙う取引
FX業者	●個人投資家による取引を仲介
機関投資家	●外国の株や債券を売買するため ●為替差益を狙う取引

Q 円高・円安になるのはなぜですか。

A 相場が変動する要因は様々です。ただ「基本的には通貨の需給で決まる」（ソニーフィナンシャルグループの尾河真樹氏）といえます。通貨は多くの人が必要とすれば高く、不必要なら安くなります。例えば日本からの輸出が増えれば外貨を円に戻す量が増え、円高の要因となります。外国の株を購入する人が増えれば、円を外貨に替えるため円安の要因といえます。こうした実際に使う前提の取引を「実需」と呼びます。

Q 実需でない取引もあるのですか。

A 相場の変動による利益を狙う「投機」もあります。金融機関や機関投資家など幅広い層が手掛けており、外国為替証拠金取引（FX）もその一つです。投機目的の取引で利益を確定するには、買った通貨を売るといった取引が必要で、多くは比較的短い間で繰り返されます。一連の取引で行き来する通貨の量は同じため「中長期的な相場への影響は実需に比べ小さい」（ソニーフィナンシャルの尾河氏）といわれます。

個人向け国債の魅力
──元本保証、預金より高利回り

近い将来に必要となる教育費などの保管や急な出費への備えには、元本を減らさない預貯金などが欠かせません。低金利が続く中、銀行預金よりも高い利回りが期待できるのが個人向け国債です。

Q　国債とはどのようなものですか。

A　国債は国の借金に対する「借用証書」です。約束した期間中は定期的に利子が払われ、満期に元本が返済されます。日本は国債を大量に発行しており、プロの投資家も買っています。その中で個人投資家が使いやすいようにしたのが個人向け国債です。

Q　個人向けは何が違うのでしょうか。

A　1万円から購入でき、中途換金も可能です。中途換金の際は元本の価格で買い取ってもらえます。直近2回分の利子は引かれますが、元本を割り込むことはありません。プロが取引する国債は期間の途中で売却すると元本を割れることがあります。

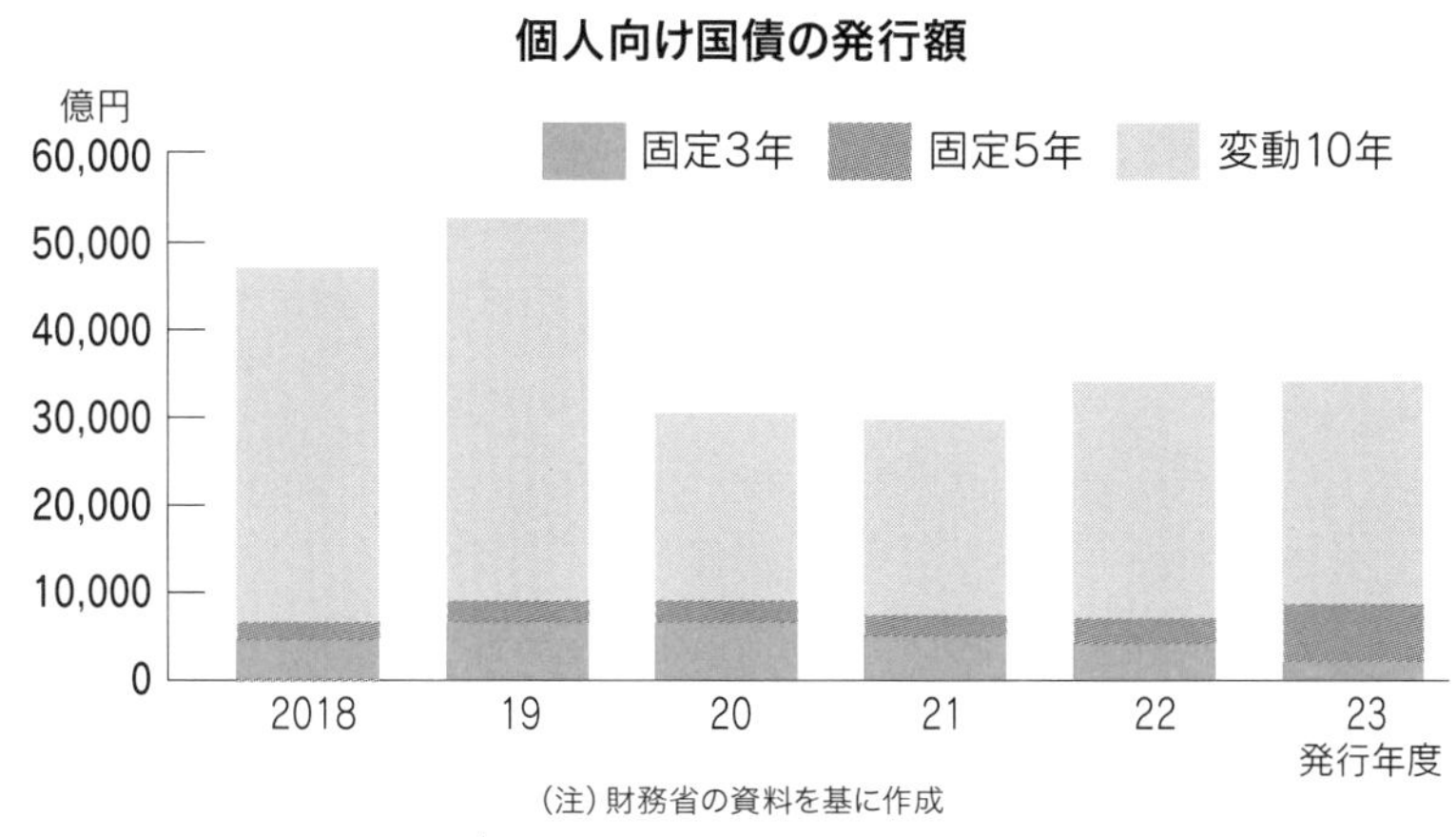

(注)財務省の資料を基に作成

Q 金利はどのくらいですか。

A 個人向け国債には固定金利の3年と5年の商品と、変動金利の10年の商品があります。発行時の金利は、固定3年は基準金利のマイナス0・03%、5年はマイナス0・05%。変動10年は基準金利の0・66倍で計算されます。それぞれの基準金利は、市場で売買される同じ年限の国債利回りを基にします。金利の下限は年0・05%と定めています。2010年代後半は下限の金利が続きました。日銀のマイナス金利政策が導入され、市場の国債利回りが低かったためです。

Q 固定金利と変動金利の違いは。

A 固定金利の3年と5年の商品は、発行時に決まった金利が満期まで続きます。このため、発行時に満期までに受け取る利子の総額がわかります。一方、変動10年は市場で売買される国債(新発10年債)の利回り(入札時の平均落札利回り・基準金利)に応じて、半年ごとに金利を見直します。

個人向け国債の商品概要

	変動金利型 10年満期	固定金利型 5年満期	固定金利型 3年満期
金利の決まり方	基準金利 × 0.66	基準金利 − 0.05%	基準金利 − 0.03%
金利の下限	年0.05%		
利子の受け取り	半年ごとに年２回		
購入単価	最低1万円から1万円単位		

受け取る利子も変わります。

Q　**売れ筋はどれですか。**

A　２０１９年度は発行額の約８割が変動10年でした。金利が固定の場合、期間の途中で預金などの金利が上がれば、相対的な金利は低くなります。変動型なら市場金利が上がれば国債の金利も上がるので「金利が上昇しても実質的な損がない」（ファイナンシャルプランナーの前川貢さん）との評価があります。

Q　**どこで購入するのですか。**

A　証券会社や銀行などです。原則として毎月発行しており、当初の金利の条件は財務省のサイトなどで公開しています。金融機関によっては購入時に専用口座を開く必要があり、管理手数料がかかることもあります。また、原則として、購入から1年間は中途換金ができません。

第5章

社会保障がわかる

健康保険の仕組みと課題
――現役世代、高齢化で負担増

日本は安く高度な医療を受けられる国といわれます。それを支えるのが公的な医療保険（健康保険）制度です。原則として誰もが何らかの制度に加入することで、病院などの窓口での負担を抑えます。ただ、最近は一部の高齢者の負担を引き上げる動きもあります。

Q　健康保険とはどんな仕組みですか。

A　加入者から保険料を集め、病気やケガで治療をしたときの医療費に充てる仕組みです。現役世代の人は医療機関で治療をすると、その費用の３割を窓口で払います。残りの７割はそれぞれの患者が加入する健康保険の制度が負担します。

Q　健康保険は複数の制度があるのですね。

A　主に企業などに勤める人やその家族が対象の制度と、自営業者などが対象のものに分かれます。例えば「協会けんぽ」は主に中小企業の従業員が加入します。大企業の従業員

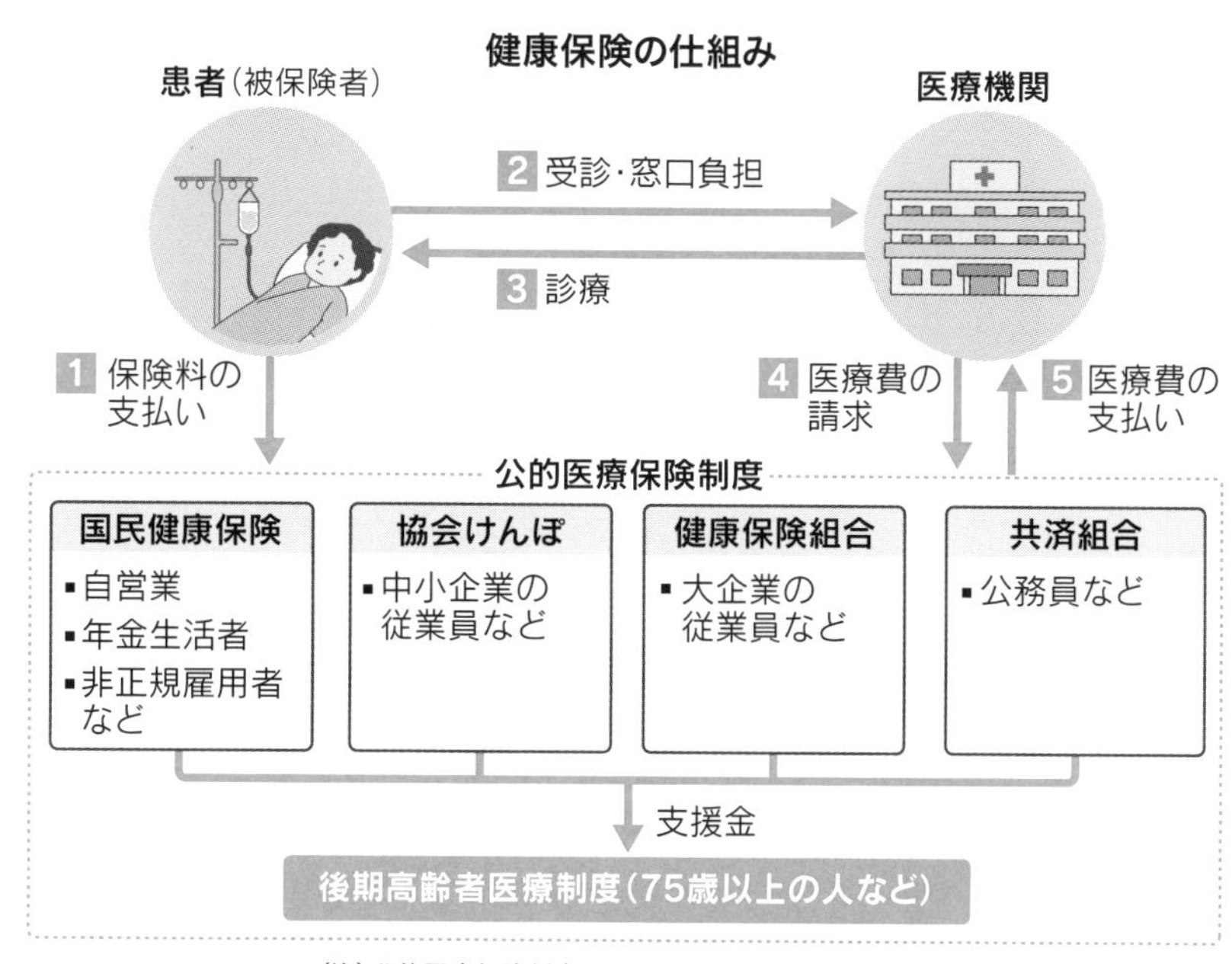

（注）公的医療保険制度にはこの他に船員保険などがある

は「健康保険組合」のことがあります。公務員は「共済組合」、自営業者などは「国民健康保険」に加入します。

Q なぜ様々な種類があるのですか。

A 健康保険は企業単位のものが先に広がり、加入していない人が国民健康保険の対象になった経緯があります。制度によって医療費を払う原資となるお金の出し手も異なります。会社員が加入する健康保険組合などは通常、従業員が給料から保険料を払います。同じくらいの金額を事業主も出しています。国民健康保険は加入者側の保険料のほか、税金も原資になります。

Q 高齢者は窓口での負担は少ないと聞きます。

A 年齢や所得により窓口での負担割合は

後期高齢者医療制度の医療費

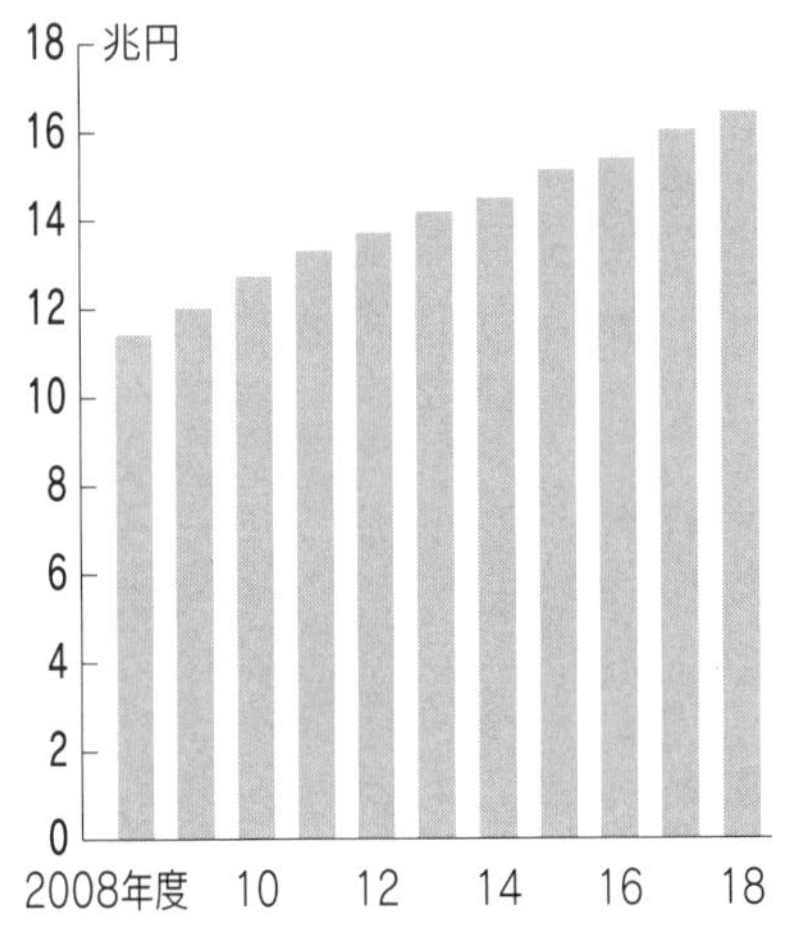

（注）厚生労働省「2018年度後期高齢者医療事業年報」、患者負担を含む

後期高齢者医療制度の負担割合

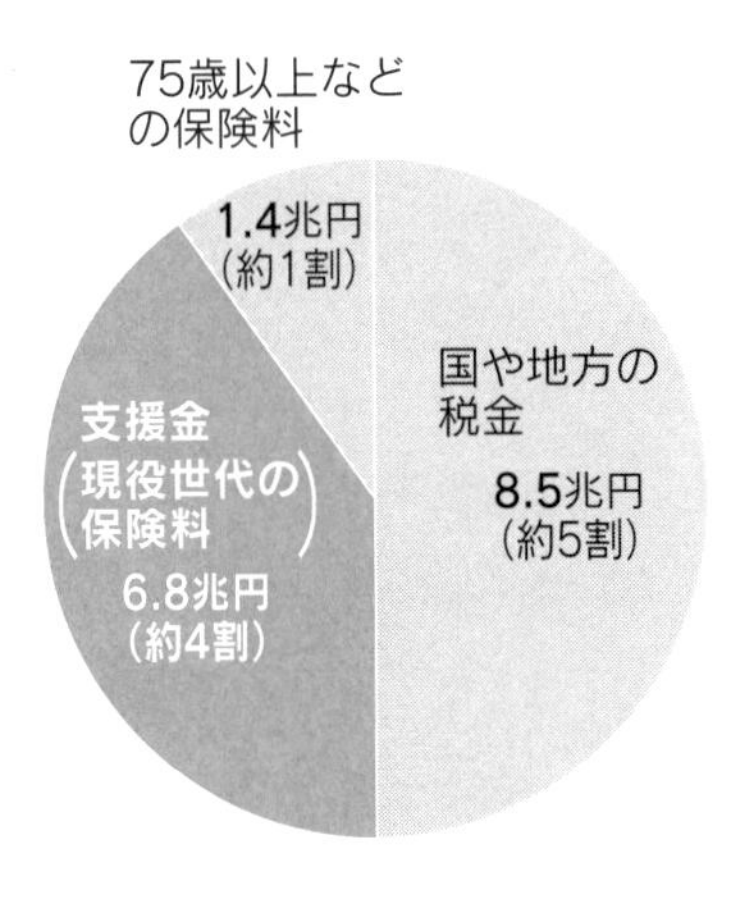

（注）厚生労働省の資料より、2020年度予算ベース、患者負担を除く

変わります。原則、現役世代と70歳以上で現役並みの所得があれば3割ですが、70〜74歳は2割負担です。従来75歳以上は1割でした。ただ、政府は2022年10月に75歳以上の一部の人の窓口負担を、1割から2割に引き上げました。

Q　なぜですか。

A　高齢者の医療費が膨らんでいるためです。18年度に国民が使った医療費の4割弱は75歳以上のものでした。年齢が上がると病気になりやすく、今後この世代は人口に占める割合がさらに高くなります。国立社会保障・人口問題研究所によると、いわゆる団塊の世代の全員が75歳に達する25年には、75歳以上の人口の割合が約18％になる見込みです。75歳以上の人などが加入する公的医療保険の「後期高齢者医療制度」は税金や現役世代の保険料などで支えており、負担が重くなっています。

Q 負担はどのくらいですか。

A 後期高齢者医療制度の医療費は増加が続き、18年度は約16兆円でした。20年度の予算では8・5兆円（患者負担を除く約5割）を国や地方の税金、1・4兆円（同約1割）は高齢者の保険料、6・8兆円（同約4割）は75歳未満の人が入る健康保険からの「支援金」でした。支援金の額は10年で4割弱増えました。

Q 高齢者は収入が少なく、負担増の影響が大きいのでは。

A 保険料が2割に上がる対象は単身世帯の場合で年金収入などが年200万円以上です。3年間は外来患者の1カ月の負担増が最大3000円に収まる措置があるので、家計への影響は少ないとみられます。ただ、ニッセイ基礎研究所の三原岳主任研究員は「今後、2割や3割負担の対象者が段階的に増える可能性はある」と話します。

Q 制度の将来が心配です。

A 医療費は増加が予想され、みずほ総合研究所の堀江奈保子主席研究員は「現役世代の負担も今後増える」とみています。一方で保険料は安定的に確保できており「制度そのものがすぐに不安定になることはない」と言います。健康保険が私たちの暮らしの安心につながっているのは疑いがないでしょう。「どう負担を分担し、制度を維持するかを考えるのが現実的」とニッセイ基礎研の三原氏は話しています。

健康保険の高額療養費制度
——自己負担、月単位で上限

病気やケガをして医療機関で治療を受けると通常、医療費の1～3割を窓口で負担します。ただし手術や長期の入院などで支払額が膨らむと、窓口で払った一部が戻ることがあります。「高額療養費制度」があるためです。

Q　高額療養費とはどのような制度ですか。

A　１カ月あたりの医療費の自己負担額に上限を設け、それを超えた分を払い戻すルールです。高額の治療や入院などでは医療費が１００万円を超え、自己負担が10万円単位になることもあります。こうした場合の患者側の負担を抑えるのが目的です。健康保険組合や国民健康保険といった公的医療保険（健康保険）に共通する仕組みで、誰もが対象になります。

Q　自己負担の上限はいくらですか。

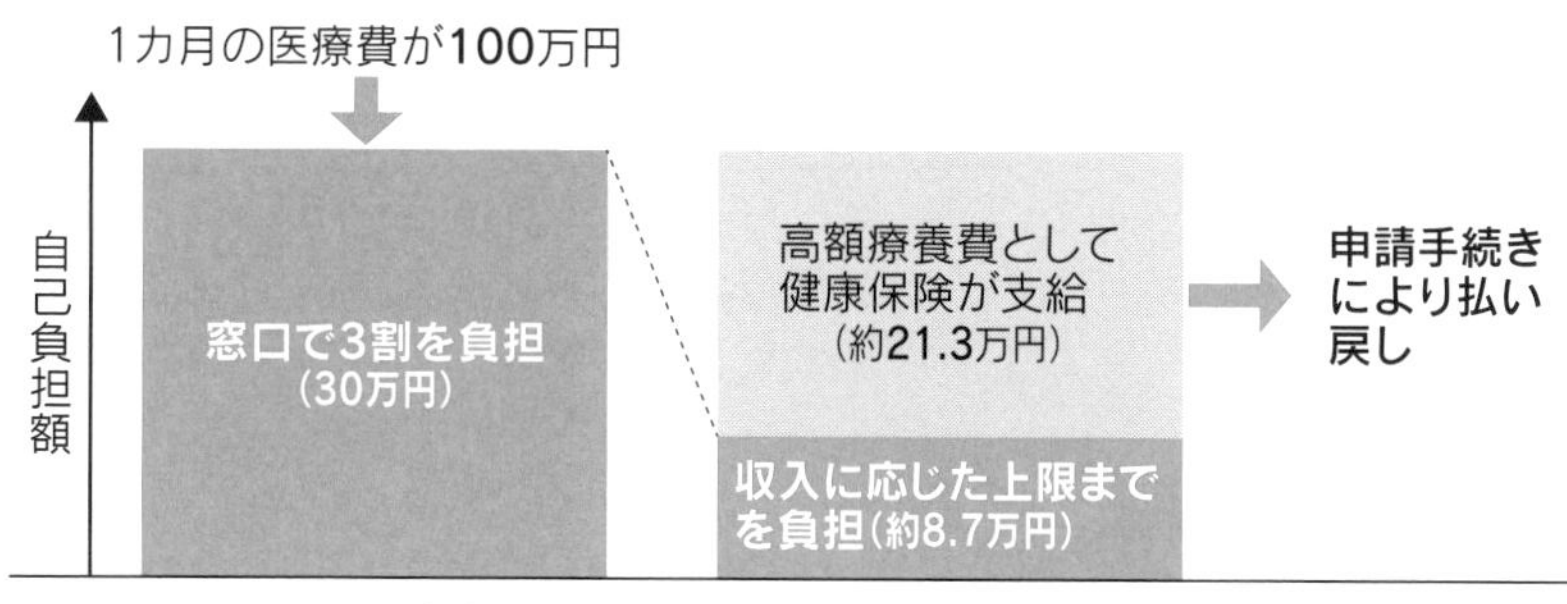

A　上限額は特定の計算式などで求めます。例えば50代で年収700万円の会社員では、医療費から26万7000円を引いた金額の1%に8万100円を加えた金額が上限です。計算式は収入と年齢で異なり、基本的には収入が低いと上限額が抑えられます。

Q　**具体的にはどのくらい負担が減るのでしょうか。**

A　同じ条件で1カ月の医療費が100万円だった場合、通常の3割負担なら窓口で30万円を払います。自己負担の上限は100万円から26万7000円を引いた1%(7330円)に8万100円を加えた8万7430円です。手続きをすれば差額の21万2570円の払い戻しを受けられます。

Q　**対象になる医療費の範囲を教えてください。**

A　対象は保険適用となる診療に限られます。入院時に必要となる食費や患者の希望で利用した差額ベッド代などは対象外です。また、金額は1日から月末までで計算します。例えば1月15日から2月15日まで入院した場合は1月中の分と2月分に分

１ヵ月の自己負担の上限額

	年収	計算式など
69歳以下	約1160万～	25.26万＋(医療費－84.2万)×1%
	～約1160万	16.74万＋(医療費－55.8万)×1%
	～約770万	8.01万＋(医療費－26.7万)×1%
	～約370万	5.76万
70歳以上	～約1160万	16.74万＋(医療費－55.8万)×1%
	～約770万	8.01万＋(医療費－26.7万)×1%
	～約370万	5.76万(外来の上限額は1.8万)

(注)単位は円。ほかに住民税非課税者、70歳以上は年収約1160万円超の上限額もある

かれます。総額が上限を超えていても、月単位で条件を満たさなければ払い戻しはありません。

Q　払い戻しを受けるにはどのような手続きが必要ですか。

A　加入する健康保険に申請書を提出します。期限は診療を受けた翌月の初日から２年間です。「該当する人には健康保険から連絡があったり、申請書類が送られてきたりすることが多い」とファイナンシャルプランナーの水島幸代氏は説明します。受診した月から払い戻しまで少なくとも３カ月程度かかります。一度手続きをした人などは申請書なしで手続きが進む場合もあります。

Q　制度があっても治療が長引けば負担は大きいですね。

A　過去12カ月以内に３回以上、高額療養費の支給を受けた場合、４回目からは上限額が下がる仕組みがあります。「多数回該当」と呼ばれ、50代で年収７００万円の会社員

さらに負担を抑える仕組みも

世帯合算	条件を満たせば、家族や別の医療機関での医療費を合算できる
多数回該当	過去12カ月以内に3回以上上限額を超えた場合、4回目から上限額が下がり負担が減る
限度額適用認定証	提示すると、初めから窓口での支払額が自己負担の上限額となる

では3回目までの上限額は8万円を超えますが、4回目からは4万4400円になります。

Q それは助かります。

A 高額療養費の医療費の計算では、複数の受診や家族が受診した分を合算できる仕組みもあります。「世帯合算」と呼ばれ、1カ月の合計額が上限を超えれば、超えた額が払い戻されます。ただし共働き夫婦で別々の健保組合、子が国保で親が後期高齢者医療制度など、加入する健康保険が異なると同居していても合算はできません。多数回該当にも加入する健康保険が変わると支給回数を通算できないルールがあります。

Q 払い戻しの分をあらかじめ引いてもらえないのでしょうか。

A 「限度額適用認定証」という書類を提示すると、窓口での支払いを上限額までにできます。認定証は加入する健康保険に申請します。水島氏は「手術や入院などで高額の医療費が見込まれる場合は事前に準備しておくとよい」と助言します。病院が取得を勧める場合もあります。70歳以上では認定証がなくても支払いを上限額で済ませられる場合があります。

雇用保険の役割
──コロナ禍の支給増で料率引き上げ

働く人の失業を防いだり、失業した人の再就職を支援したりする雇用保険。その役割を果たすための事業には、会社員の毎月の給料などから引かれる保険料が使われています。2022年10月から一気に引き上げられ、この10年で最も高い水準になりました。

Q　雇用保険とはどのような制度ですか。

A　国が運営する社会保険のひとつで、金銭の支給などで労働者を支援するのが目的です。例えば、失業した際はハローワークで手続きすれば、次の就職までの一定の間、失業手当（基本手当）を受けることができます。介護休業を取得したときは介護休業給付、スキルアップを目指すなら教育訓練給付というお金を受け取れます。60歳以降も働き続けて賃金が大きく下がった場合には、65歳になるまで受け取れる高年齢雇用継続給付も雇用保険から支払われます。

雇用保険料の流れ

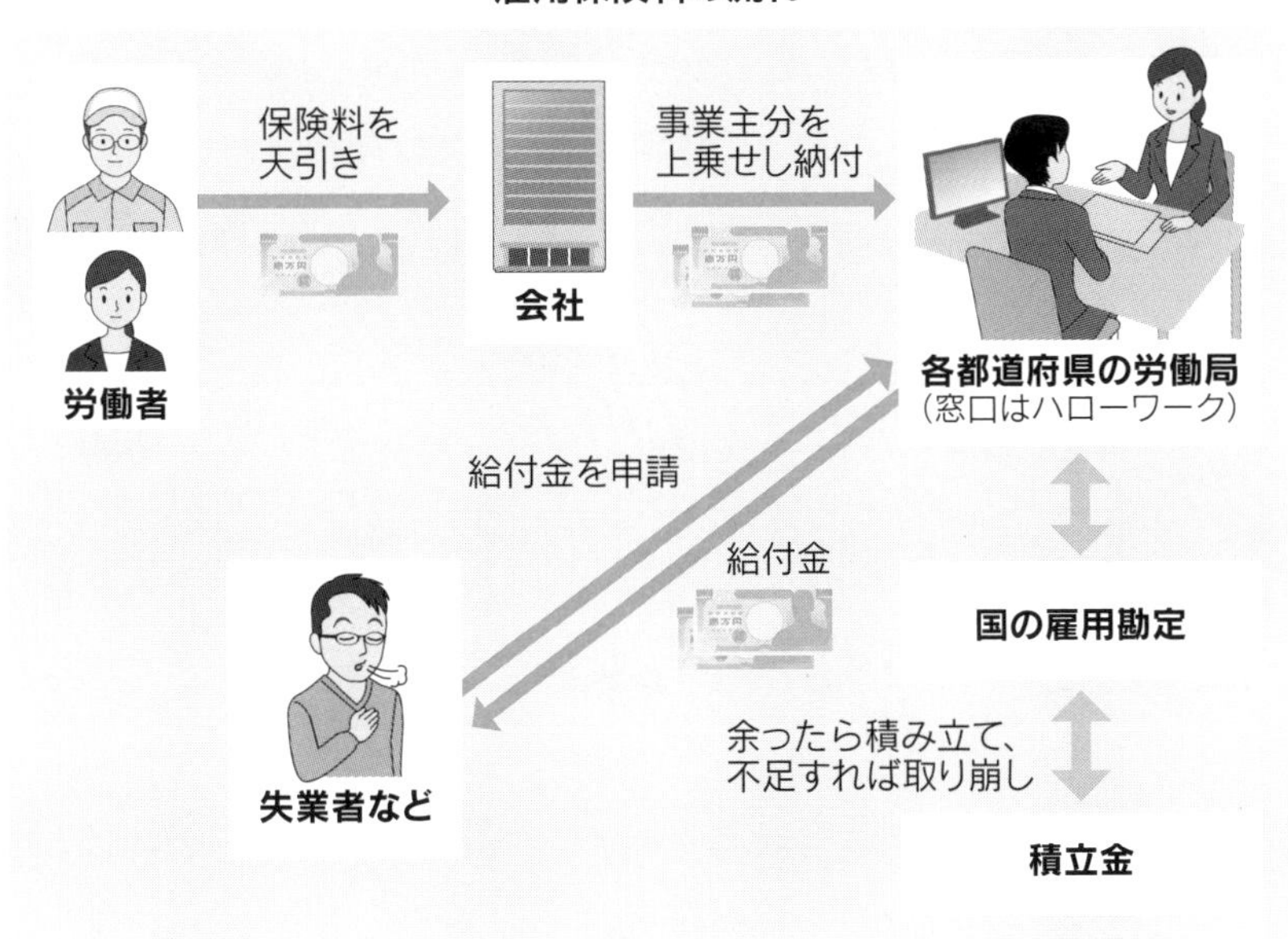

(注)失業等給付の場合

Q **給付を受けられるのは、どんな人ですか。**

A 労働者は正社員やパート、アルバイト、派遣など雇用形態にかかわらず雇用保険に加入し、対象(被保険者)になります。ただし1週間の契約上の労働時間が20時間未満、または31日以上の雇用見込みがない人、昼間部に通う学生は対象外です。17年からは65歳以上で新たに雇用される人も「高年齢被保険者」として対象になりました。被保険者数は22年度末で4456万人に上ります。

Q **保険料はいくらくらいですか。**

A 保険料は労働者と事業主(会社)で負担しています。労働者は現在、賃金の0・6%が毎月の給料や賞与から引かれています(23年度)。給与明細を見れば

2023年度の雇用保険料の料率

	失業等給付 ▪失業手当 ▪介護休業給付 ▪教育訓練給付 など	育児休業給付	雇用保険2事業 ▪雇用安定事業（雇用調整助成金など） ▪能力開発事業（職業能力開発施設の設置・運営など）	合計
労働者	0.4%	0.2%	負担なし	0.6%
事業主	0.4%	0.2%	0.35%	0.95%

（注）一般の事業

金額が分かります。これは「一般の事業」の料率で、建設業や農林水産業などは少し高くなります。一般の事業では月額賃金20万円の人は月１２００円、同30万円の人は月１８００円になります。

Q　健康保険に比べると負担は小さいですね。

A　雇用保険の料率は使途により異なります。労働者が払うのは失業手当などに使われる分と育児休業給付にかかる分です。引き上げられたのは失業手当などの方で０・４％（23年度）、育児休業給付の料率は０・２％で変更ありません。

Q　会社はどれくらい負担しているのですか。

A　現在は社員の賃金総額の０・95％（一般の事業）です。事業主は雇用安定などを目的にした「雇用保険2事業」に使う保険料も負担します。社員の保険料に上乗せし、１年分をまとめて国に納めています。保険料は国からのお金と合わせて給付などに使い、余ったら積立金として将来の給付に備えます。

Q　なぜ保険料率を引き上げたのですか。

A　新型コロナウイルスの感染拡大により売り上げが減ったり、業務を縮小したりする会社が相次いだためです。雇用を維持するために会社が従業員を休ませた場合には、会社に雇用調整助成金（雇調金）を支給し、休業手当などの一部を助成します。雇調金は雇用保険から支給されています。こうした助成金の急増などで以前は余裕があった雇用保険の財政が苦しくなりました。

Q　新型コロナの影響なのですね。

A　一方で育児休業給付も増加傾向にあります。育児休業を取ったときの家計を支援する給付金で、原則として休業開始時の賃金の67％（およそ半年経過後は50％）が支給されます。受給者数、支給金額とも右肩上がりで、22年度は約255万人、7000億円近くに達しています。「国は育児・介護休業法を改正するなどして男女とも育休を取得しやすくしており、今後も給付は増えていく」と社会保険労務士の永山悦子氏は説明します。24年度の料率は23年度と同じですが、その先は変わる可能性もあります。

介護保険の制度と使い方

40歳から加入、負担増続く

高齢になると心身の機能が衰えて、日々の生活に助けが必要になることがあります。こうした場合に頼りになるのが公的な介護保険制度です。40歳以上の人が加入し保険料を納める一方、自身が介護を受ける際の負担が軽くなります。

Q　介護保険とはどのような制度ですか。

A　介護が必要になった人を社会全体で支援するための仕組みです。高齢化の進展などを踏まえ、２０００年４月に始まりました。40歳以上が保険料を納めます。

Q　介護が必要になれば誰でもサービスを受けられるのですか。

A　介護保険を運営する市区町村の認定を受ける必要があります。寝たきりや認知症などで介護を必要とする状態（要介護状態）の人、家事や身じたくなど日常生活に支援が必要な状態（要支援状態）の人が対象です。本人や家族などが認定を申請すると、調査員によ

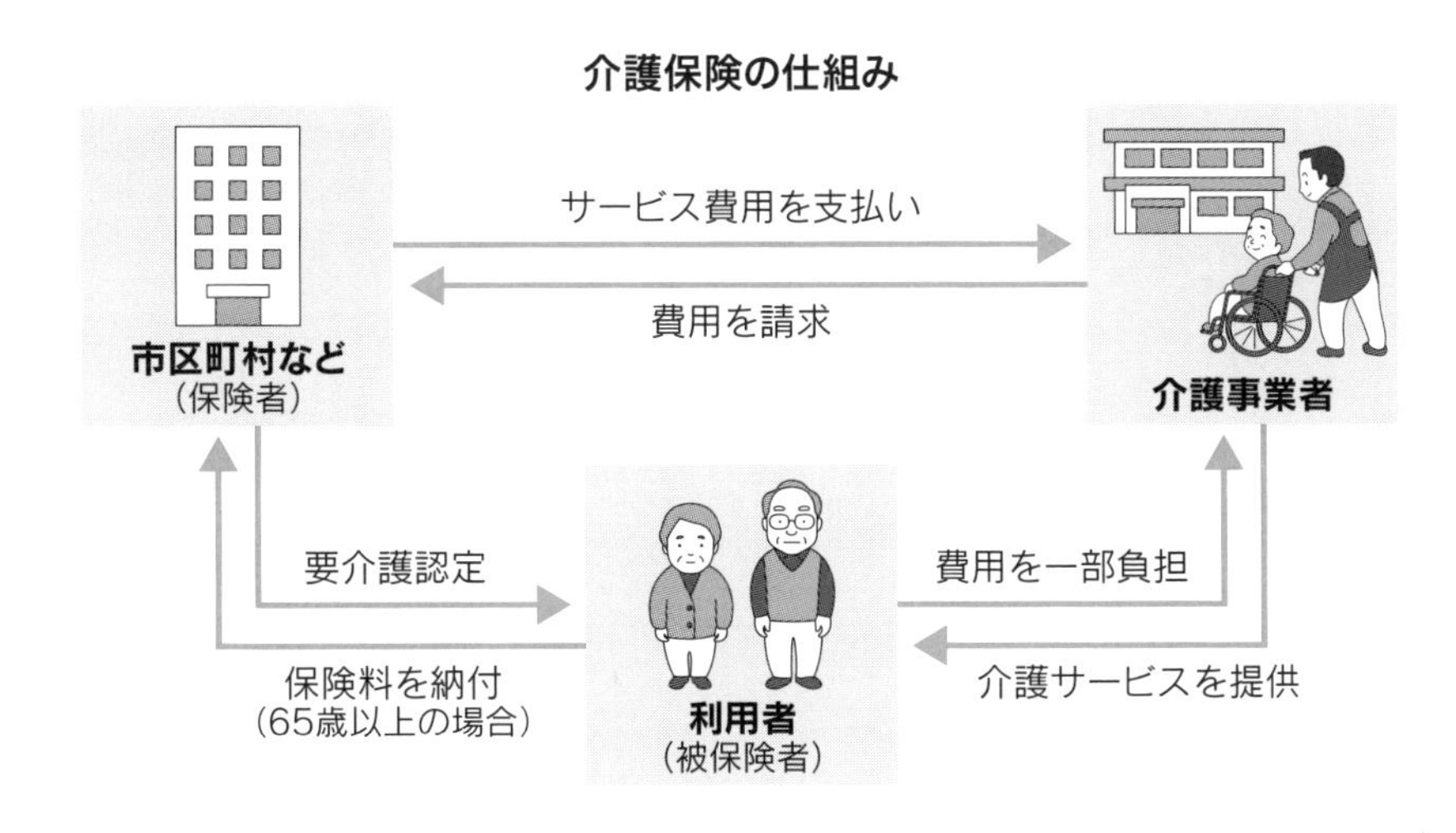

る訪問調査の結果や主治医の意見書を基に判断します。65歳以上は理由を問わず介護が必要になれば利用できます。40～64歳は認知症や脳血管疾患など加齢に伴う特定の疾病が原因の場合に限られます。

Q 認定を受けた後は。

A その人に合った介護サービスを組み合わせた「ケアプラン」を作成します。人により必要な介護やその希望は異なります。ケアプランではどんなサービスをどの事業者で受けるかを決めます。本人や家族が介護のプロであるケアマネジャーと相談しながら決めるのが一般的です。ケアプランに基づき、サービスを提供する事業者や介護保険施設と契約します。

Q どのような介護サービスを受けられるのですか。

A 内容は多岐にわたります。例えば在宅ならホームヘルパーが家庭を訪問し、食事や入浴など日常生活上の介

年齢により異なる部分がある

	第1号被保険者	第2号被保険者
年　齢	65歳以上	40〜64歳
保険料の支払い	主に年金から天引きで市区町村に納付	主に給与から天引きし、加入する健康保険に納付
サービスの対象者	介護･支援が必要な人	特定の16疾病が原因で介護･支援が必要な人

護、調理や洗濯などの生活援助をするといったものが挙げられます。施設に通って食事や入浴などの支援を受けたりレクリエーションなどで心身を鍛えたりするデイサービスもあります。数日間など施設に入所して介護を受けるショートステイも選択肢です。

Q　金額に換算して、いくらくらいの支援があるのですか。

A　市区町村による認定は介護や支援の必要な度合いによって7つの段階があります。その段階に応じて1カ月間に利用できるサービスの金額が変わります。在宅の場合、最も段階の低い「要支援1」は月に約5万円、最も重い「要介護5」は約36万円です。上限までは自己負担は原則1割で、9割が介護保険から支払われます。36万円のサービスを使った場合の自己負担は3万6000円が基本です。ただし、収入が多い人は自己負担が2〜3割になることがあります。

Q　保険料を知りたいです。

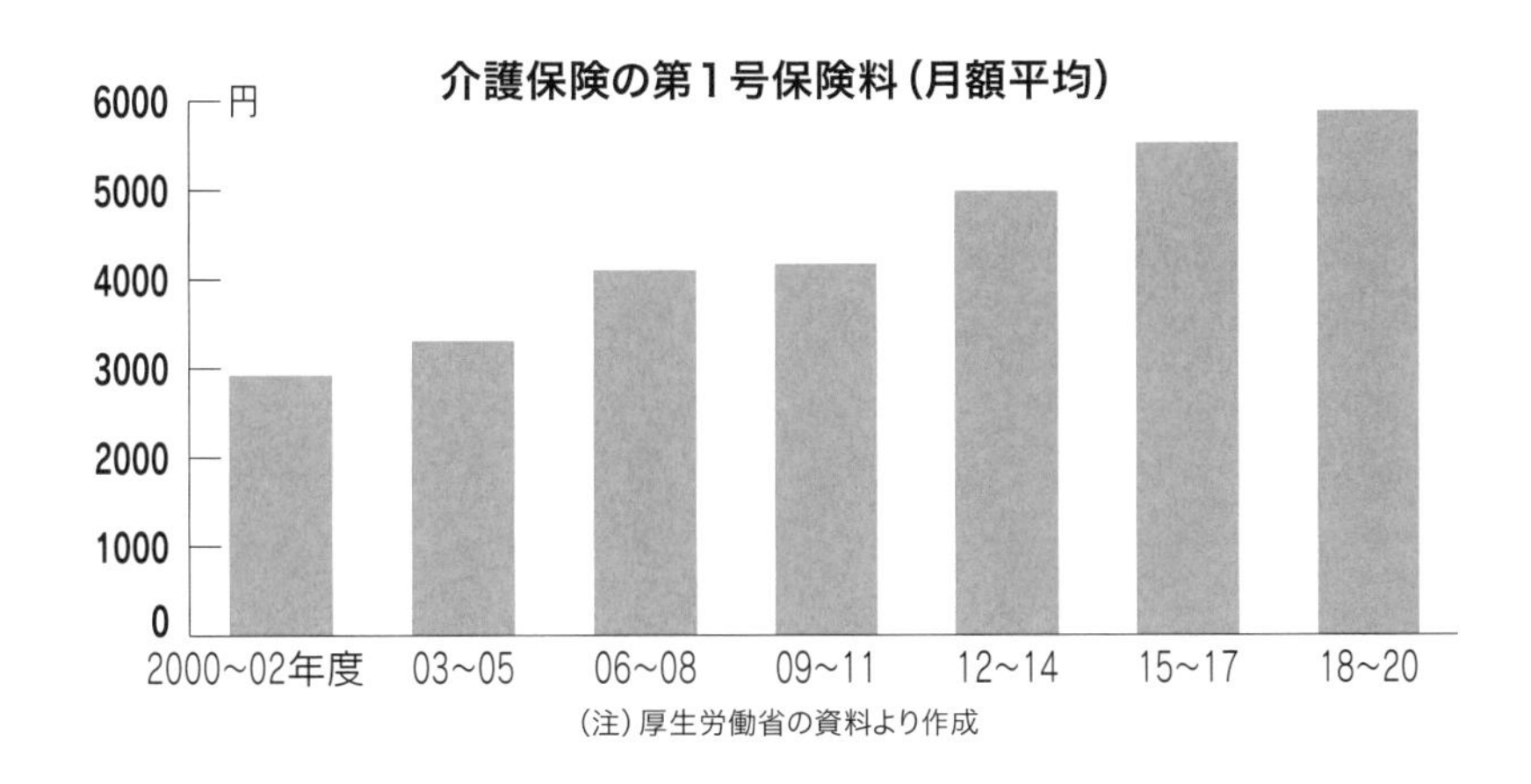

（注）厚生労働省の資料より作成

A　65歳以上（第1号被保険者）の保険料は原則として住民票がある市区町村で決まります。介護サービスにかかる年間の予算を基に基準額を決め、所得に応じて保険料が変わる仕組みです。通常は年金から天引きされます。23年度の第1号被保険者の月額保険料の平均は約6000円です。40～64歳（第2号被保険者）は所得などを基に、加入している公的な医療保険（健康保険）の算定方法で決まります。会社員の場合は「原則、会社が半額を負担し、加入する健康保険料と合わせて給料から天引きされる」と社会保険労務士の井戸美枝氏は説明します。

Q　**保険料が上がらないか心配です。**

A　介護保険の財源は半分が保険料で、残りの半分は税金です。保険料は原則3年ごとに見直され、これまで上昇が続いてきました。高齢化が進み介護サービスを利用する人が増えているためです。保険料の平均は介護保険がスタートした年に比べ約2倍です。

労災保険の範囲と補償

――業務が原因なら医療費負担ゼロ

一般に現役世代の人がケガや病気をして医療機関に行くと、医療費の３割が自己負担となります。ただ、仕事が原因のケガなどの場合は自己負担がゼロになることがあります。労働者災害補償保険（労災保険）があるからです。

Q　労災保険とはどのような制度ですか。

A　社会保険の一つで、会社に雇われている人が仕事や通勤中にケガや病気をしたときに給付をして、労働者を守るのが目的です。対象者は正社員のほかパート・アルバイトも含みます。会社には従業員の賃金などに応じた保険料を納める義務があり、集めた保険料が給付の原資になります。

Q　給付対象になるケースを教えてください。

A　例えば工場で作業中に機械に挟まれてケガをした、暑い厨房で長時間働き熱中症にな

労災保険の対象になる例、ならない例

対象になる	ケガ	■工場内の機械に指を挟んだ ■在宅勤務中、仕事用の書類を取りに行くときに階段で転倒 ■通勤途中で転倒 ■会社の車で取引先に行く途中の交通事故
	病気	■長時間のパソコン入力作業でけんしょう炎 ■社員食堂の衛生管理不備による食中毒 ■35度を超える厨房で長時間働き熱中症 ■勤め先の飲食店で新型コロナウイルスの集団感染が発生し感染
対象にならない	ケガ	■帰宅途中に飲食店で飲酒、その後転倒 ■在宅勤務中の気分転換に散歩に出かけケガ
	病気	■通常のインフルエンザへの感染

(注)厚生労働省の資料や社労士の篠原宏治氏への取材を基に作成。個別のケースにより扱いが異なる場合がある

った場合などが対象です。飲食店で新型コロナウイルスの集団感染があり、従業員も巻き込まれた、といったケースも該当します。通勤途中に転倒したり交通事故に遭ったりした場合も原則として含まれます。

Q 対象は広いのですね。

A 「病気やケガの原因が通勤や業務に起因しているかが重要」と特定社会保険労務士の篠原宏治氏は話します。例えば同じ転倒時のケガでも、在宅勤務中に仕事で使う書類を取りに階段を降りていたときなら給付対象ですが、気分転換に散歩に出かけたときなら対象外が原則です。会社の帰りに飲食店で酒を飲み、家に着くまでにケガをしたといった場合も基本的には対象になりません。

Q 労災の給付にはどのようなものが

ありますか。

A　まず治療費や通院費、薬代を全額補償します。働けず会社を休んだ場合には、休業4日目から賃金の約8割を給付します。障害が残ったり、亡くなったりした場合には本人や遺族に年金を払うこともあります。

Q　手続きを教えてください。

A　本人や家族、会社が書類をそろえて労働基準監督署に申請します。申請の内容を踏まえ労基署が調査し、業務を原因とするケガや病気だと判断すれば給付対象になります。一般に工場などで業務中に負ったケガは事故の状況が明らかで「労災と認められる場合が多い」（厚生労働省）そうです。一方、病気は原因が明確でないことがしばしばあります。例えば脳や心臓の疾患では残業時間や連続労働日数、パワーハラスメントの有無などを調べ判断します。

Q　会社で働く人は守られているのですね。

A　自営業者も条件を満たせば、保険料を自分で払い、労災保険に加入できます。対象者は徐々に拡大しており、２０２１年秋には自転車配達員やＩＴ技術者などが追加されました。

第6章

生命保険 損害保険がわかる

死亡保険の種類——「定期」「収入保障」で費用抑える

一家の大黒柱に万一のことがあったときに、残された家族の生活の支えになるのが生命保険（死亡保険）です。子どもがいる家庭などでは欠かせない備えともいえますが、保険料が高額に上るなど過剰な契約は家計を圧迫します。各々にあう種類や保障内容を見極めるのが肝心です。

Q　死亡保険の仕組みを教えてください。

A　対象となる人（被保険者）が亡くなったときや所定の高度障害の状態になったときに、保険会社が受取人に保険金を支払います。支払い条件や金額はあらかじめ契約で定めます。小さな子どもを養う家庭では、稼ぎ手がいなくなると残された家族の生活が厳しくなりかねません。死亡保険に加入することで、お金の心配を減らすことができます。

Q　どのような種類があるのですか。

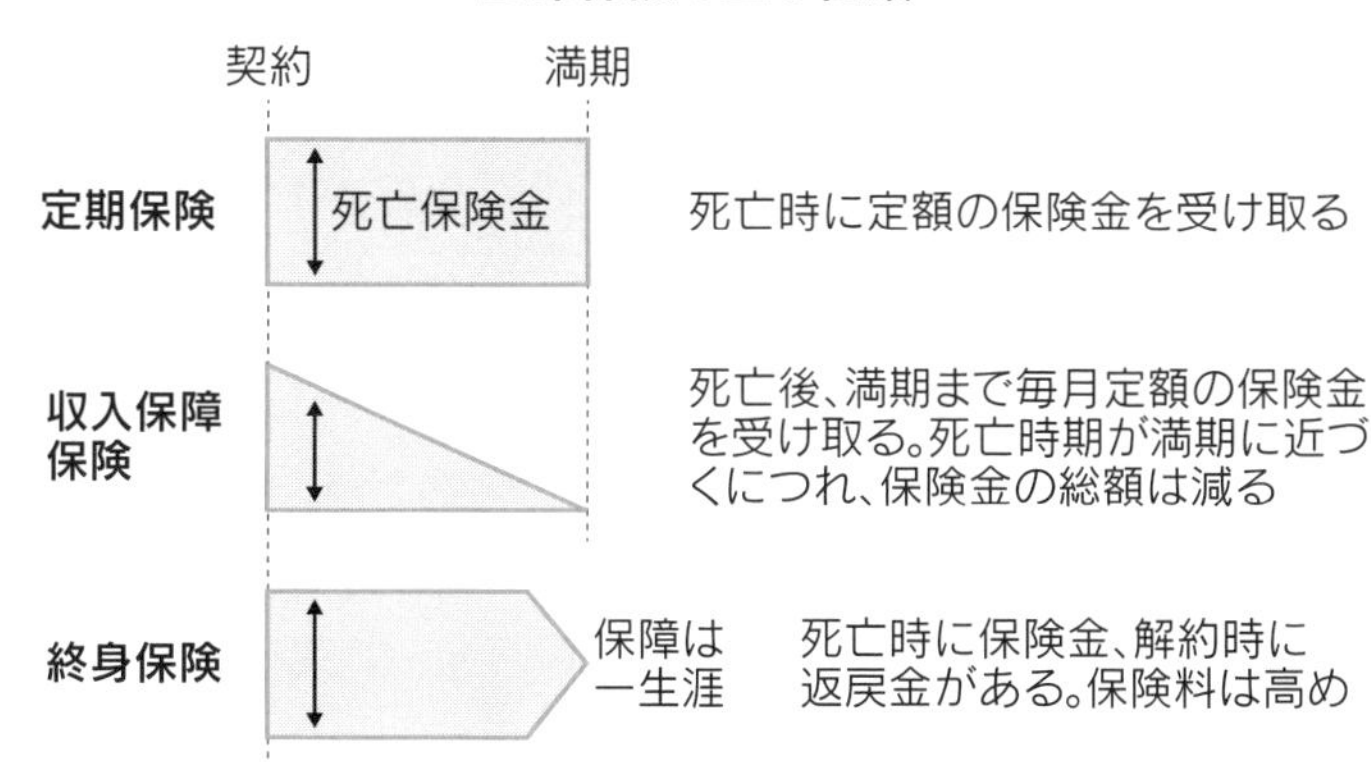

A　大きく定期保険と終身保険の2つに分かれます。定期保険は例えば10年や20年といった契約期間があり、期間中に被保険者が亡くなると契約した金額の保険金が支払われます。保険料は契約時の年齢や保険金額に比例するのが一般的です。

Q　終身保険とは。

A　被保険者が亡くなった場合に決められた保険金を受け取れるのは定期保険と同じです。契約期間が生涯（終身）にわたり、解約時に返戻金を受け取れる点が特徴です。子どもが独立するまで長生きすれば、解約返戻金を受け取って老後資金に充てるといった使い方が可能です。万一の備えをしつつ、老後の資産形成にもつなげられるともいえます。

Q　お金が戻ってくる終身の方が魅力的にみえます。

A　定期保険と終身保険では保険料に大きな差があります。定期保険は原則「掛け捨て」になりますが、保険料を終身保険よりも抑えられるメリットがあります。終身保険は月々の保険料負担が定期保険よりも高い上、契約から長い時間がた

保障額の目安の考え方

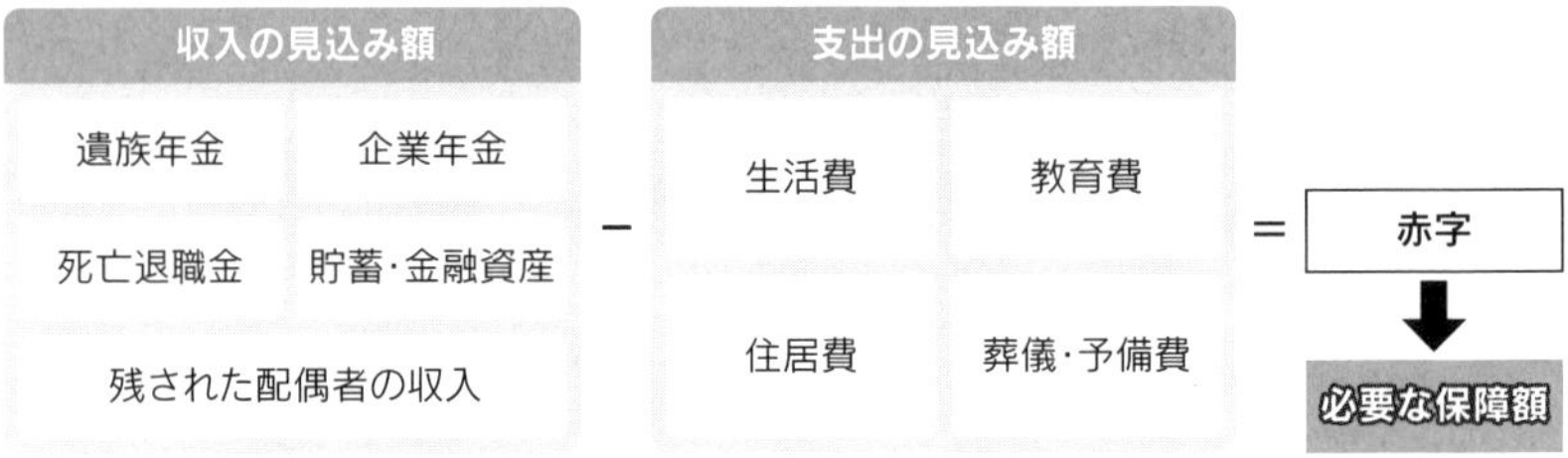

収入の見込み額			支出の見込み額			
遺族年金	企業年金	－	生活費	教育費	＝	赤字
死亡退職金	貯蓄・金融資産					↓
残された配偶者の収入			住居費	葬儀・予備費		必要な保障額

たないと解約返戻金は支払い済み保険料を下回る点に注意が必要です。保険料を抑えればその分を貯蓄などの資産形成やレジャー費など自由な使途に回しやすくなるため、どちらを選択するかは家計の余力に応じて見極めが必要です。

Q　**定期保険の保険料はいくらくらいですか。**

A　保険料は保険金額と契約する年齢により変わります。加入時の年齢が高いほど亡くなる可能性も高くなるため、保険料は上がる傾向にあります。保険会社によっても異なり、主にインターネット経由で販売する商品は比較的安価です。30歳男性が死亡時などに500万円の保険金を受け取る契約では、月額保険料は約700円ということもあります。喫煙の有無など被保険者の健康リスクによって保険料が変わる商品もあります。

Q　**なるべく安い商品がいいです。**

A　死亡保障を安く確保するなら、収入保障保険も選択肢の1つです。収入保障保険は被保険者が亡くなると、契約期間中に遺族に「年金」を支払う商品です。契約期間の早い段階で亡くなると年金の総額は多くなり、終盤になると少なくなります。ライフステージに応じて保障総額が自然に減っていく分保険料を抑えられ、合理的といえます。

Q　いくらくらいの保険金が必要なのでしょうか。

A　必要な保険金額は家族構成や世帯収入などで変わります。一般には将来必要となる子どもの教育費や生活費、住居費などの支出を合算。そこから万一の場合の遺族年金や企業年金、貯蓄、残された配偶者の収入などを引いた金額が最低限必要な保険金額になるといえます。

Q　子どものための備えともいえますね。

A　もしもの時に要する金額はライフステージによって変わります。一般には一番下の子どもが生まれたときがピークで、成長とともに減っていきます。一番下の子が0歳と12歳の家庭ではその後に必要になる教育費が異なるためです。そのため保障内容は定期的な点検が必要です。見直しにより保障額が下がれば保険料を節約でき、収入をその他の使途に使う余地を増やすことにもつながります。

火災保険の補償範囲
──豪雨の住宅被害にも備え

近年は豪雨による洪水や土砂災害などの被害が増えています。自然災害で自宅に被害があったときには火災保険が役に立ちます。どのような商品なのでしょうか。

Q　火災保険とは何ですか。

A　文字通り火災で自宅に被害があったときに備える保険です。ぼやで焼けた壁の張り替えや、消火活動で水浸しになった家具も補償します。火災の被害は他人に原因があっても原則補償されません。そのため自分で保険に入り備える必要があります。火災保険は建物と家財に分けて契約します。持ち家の人は両方に、借家の人は家財のみに保険をかけるのが基本です。補償対象となる建物や家財の評価額などを勘案し、契約者が保険金額を決めます。

Q　火災以外の被害にも対応すると聞いたことがあります。

火災保険の保険金支払額

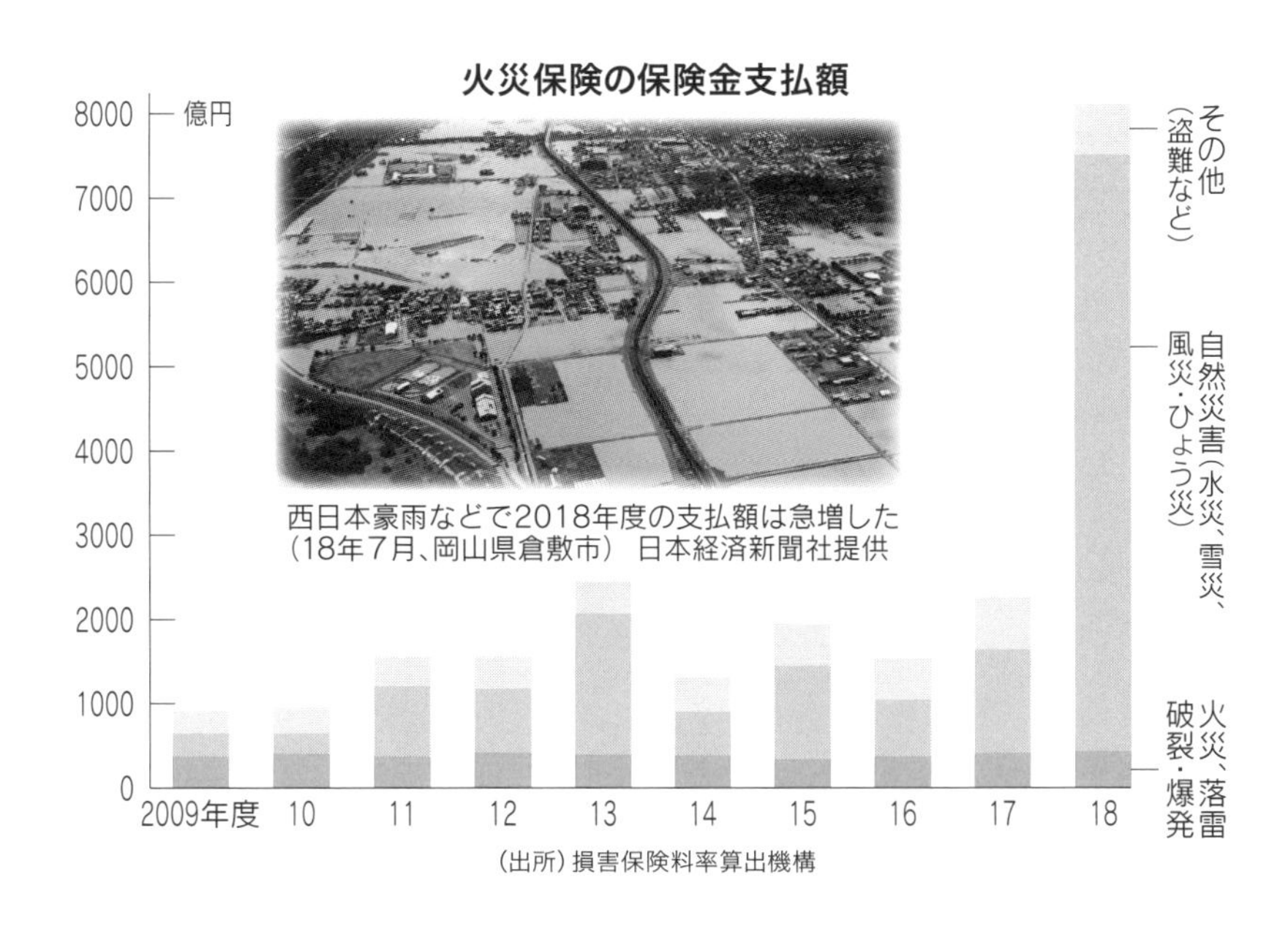

西日本豪雨などで2018年度の支払額は急増した（18年7月、岡山県倉敷市）日本経済新聞社提供

（出所）損害保険料率算出機構

A　一般的な火災保険では落雷や暴風、ひょう、豪雪などにより家が壊れたり、家財が使えなくなったりした被害も補償します。洪水や土砂崩れなども対象です。外から車が飛び込んできた、給排水設備が壊れて水浸しになったといったケースも対象です。ただし、地震の被害は別です。揺れによる被害のほか、地震を原因とした火災や津波の被害も火災保険の対象外です。別途、地震保険で備える必要があります。

Q　**最近は大雨が多いので水害が心配です。**

A　台風や暴風雨などが原因で起こる洪水や高潮、土砂崩れなどは火災保険の水災補償がカバーします。床上浸水など一定の被害があった場合に保険金が支払われます。内閣府によると水災の補償を付けている持ち家の比率は約3分の2です。高台に住む人やマンションの高層階に住む人などは、水災補償を契約から外すケースもあります。補償を外すと、その分、保険料を抑えられます。

Q　保険料が気になります。

A　保険料は契約者の家の構造や万一の場合に受け取る保険金額、補償の範囲などで変わります。この数年、火災保険料は段階的に引き上げられています。相次ぐ大規模災害で保険金の支払額が膨らみ、保険会社の採算が悪化しているためです。今後も値上がりが続きそうです。

Q　自分の火災保険の契約内容が分かりません。

A　火災保険は住宅の購入時に加入したままの人も多いとみられます。まずは契約内容が記載されている保険証券で確認しましょう。ファイナンシャルプランナーの清水香さんは「災害のリスクや万一の場合に必要な金額を踏まえ、定期的に見直しをすれば保険料の節約も可能」と話しています。

地震保険の機能と費用
──被災後の生活再建に備え

2011年3月の東日本大震災をきっかけに加入者が増えたのが、地震による住宅などの損害をカバーする地震保険です。保険に入っておいた方がいいのでしょうか。

Q　地震保険とは何ですか。

A　地震やそれに伴う火災などで住宅が受けた損害を補償する保険です。国と保険会社が共同で運営しています。通常、火災や自然災害による住宅の被害は火災保険で備えます。しかし、地震の揺れ、地震を原因とする火災や津波の被害は火災保険では補償されません。一般に地震保険は火災保険の契約に追加します。建物と家財のそれぞれで加入が可能です。

Q　どのくらい保険金を受け取れるのでしょう。

A　地震保険の保険金は火災保険の30〜50％に設定する決まりです。例えば2千万円の火災保険に入っていた場合、地震の被害で受け取れるのは最大で1千万円です。金額にも上限があり、建物が5千万円、家財が1千万円までです。補償内容と保険料はどの保険会社で加入しても同じです。

Q　被害の全額をカバーできないこともあるのでは。

A　補償額は損害の程度と保険金額により決まります。損害の程度は「全損」「大半損」「小半損」「一部損」の4区分があります。建物の場合、壁や柱などの主要構造部が時価の50%以上損害を受けるなどすると「全損」となり、保険金の全額が支払われます。一方、一部損では5%しか受け取れません。「特約」などを付けないと、家を元に戻すには足りないことが多いとされています。

Q　保険料はいくらくらいですか。

A　保険料は住所や建物の構造で決まり「地震が起きやすい地域、耐震・耐火性能が低い建物は高額」(損害保険料率算出機構)になります。建物に保険金1千万円をかける場合の保険料は、2022年10月時点で北海道や新潟県などの耐火性能が高い住宅で年7300円。東京都や静岡県などの耐火性能が低い住宅は年4万1100円です。免震・耐震性能による割引もあります。

Q　保険料はずっと変わらないのでしょうか。

地震保険の建物の損害区分は4つ

損害区分	認定基準（いずれかに該当）	支払われる保険金額の割合
全損	主要構造部の損害額が建物時価の50%以上	100%
	建物の延べ床面積に占める焼失・流出した床面積（一部損除く）70%以上	
大半損	40%以上50%未満	60%
	50%以上70%未満	
小半損	20%以上40%未満	30%
	20%以上50%未満	
一部損	3%以上20%未満	5%
	床上浸水または地盤面から45センチメートルを超える浸水	

A　地震の発生を予測するモデルの変更などに応じて料率は変わります。東日本大震災後、引き上げが続いてきましたが、22年10月の改定では全国平均で0・7％値下げされました。木造や鉄骨かなど住宅の構造や地域によっても料率は大きく異なります。

Q　**保険料が高いと、加入に迷ってしまいそうです。**

A　地震保険の世帯加入率は35％（2022年）です。ファイナンシャルプランナーの清水香さんは「地震保険は生活再建のために加入すべきもの」と話しています。大地震の影響は長期に及びます。保険金があれば家を直せなくても、生活を維持する助けになります。

自動車事故の補償
――保険料、リスクに応じ負担

気をつけていても起きてしまうトラブルの一つが自動車の事故。最近は高齢者の運転によるものが目立っています。相手にケガや損害を与えてしまった場合、多額の賠償を求められることがあります。万一に備え、保険に加入することが欠かせません。

Q　自動車事故に備える保険はどのような仕組みですか。

A　まず、自動車やバイクを保有する人は、自動車損害賠償責任保険（自賠責保険）に加入します。法律で加入が義務付けられており、未加入で運転すると1年以下の懲役または50万円以下の罰金、さらに免許停止などの処分が科されます。通常は自動車を購入する際に加入します。保険料は車種や契約期間で決まっており、どの保険会社で契約しても同じです。

Q　なぜ加入しなければならないのでしょう。

自動車事故に備える保険の主な補償

	相手の身体	相手の車	自分・同乗者の身体	自分の車
自賠責保険	・ケガ(120万円) ・後遺障害(4000万円) ・死亡(3000万円)	なし	なし	なし
自動車保険	対人賠償保険(無制限、自賠責を超える部分)	対物賠償保険(無制限)	人身傷害保険(無制限)	車両保険

(注)カッコ内は金額の上限、自動車保険は契約内容による

その他、自動車保険に付帯できる機能

- 弁護士費用特約(事故に伴う損害賠償請求などを委任)
- 運転中以外のケガなどの補償
- 個人賠償責任特約(日常生活での賠償責任を補償)

A　自動車などで事故を起こすと、責任に応じて賠償責任を負います。その際に加害者に支払い能力がなく、被害者を助けられない事態を避けるためです。ただし、自賠責保険の補償には上限があります。ケガをさせた場合が120万円、後遺障害が残った場合は4000万円、相手が死亡してしまった場合は3000万円です。

Q　それでは足りないこともあるのでは。

A　交通事故で人を死なせてしまった場合、賠償額が1億～3億円に達することがあります。また、事故による賠償責任には相手の車や周囲の建物などモノに対してもあります。自賠責保険は人に対する一定の賠償にしか機能しません。そのため「損害保険会社が扱う自動車保険などに加入して高額の賠償に備える必要がある」とファイナンシャルプランナーの藤川太さんは話します。

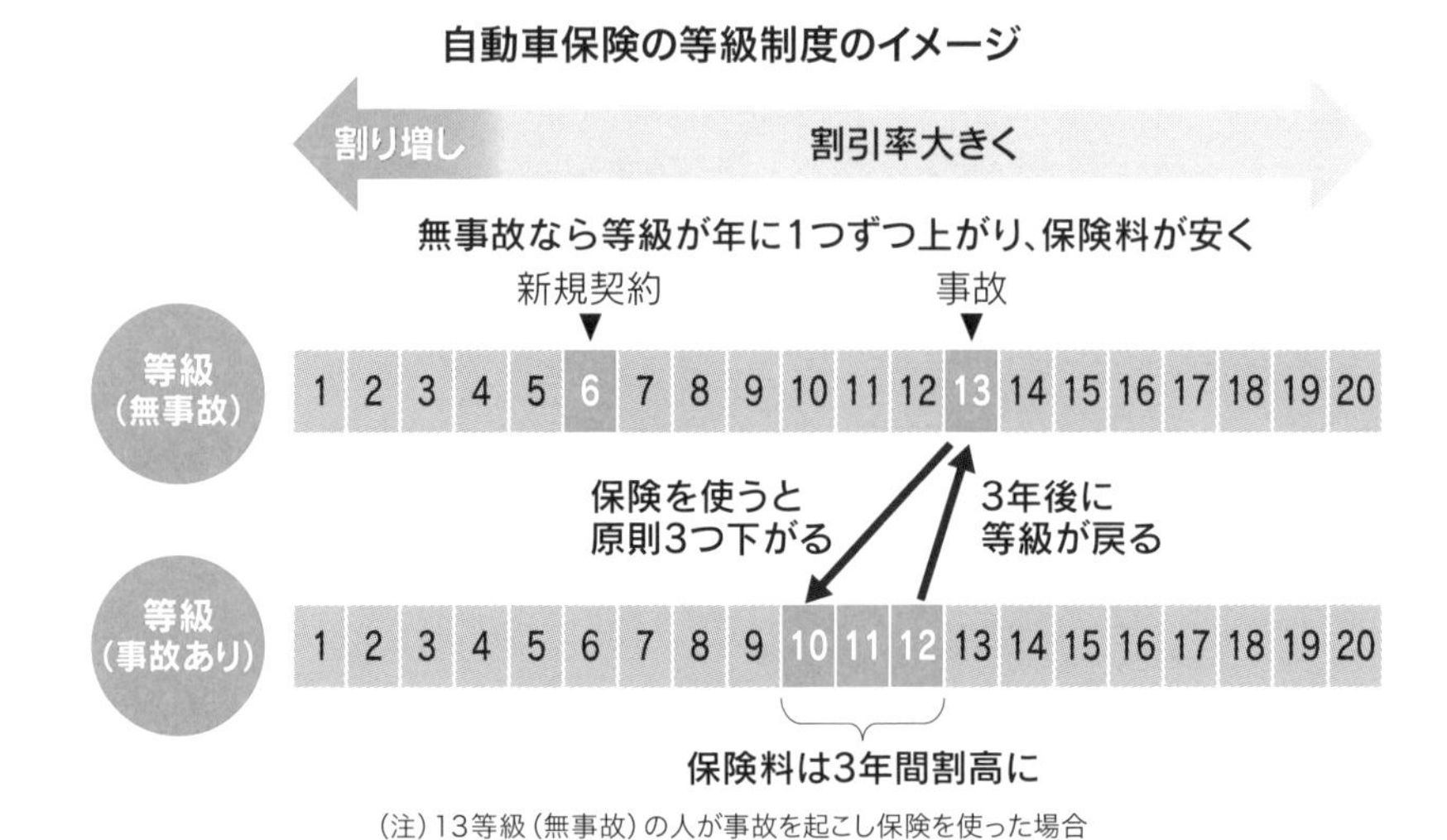

（注）13等級（無事故）の人が事故を起こし保険を使った場合

Q　自動車保険には様々な補償がある印象です。

A　基本は相手と自分の、人とモノ（車）のそれぞれです。必須といえるのが相手の人やモノについての補償です。それぞれ対人賠償保険、対物賠償保険と呼ばれます。いずれも上限額がない「無制限」の契約が主流です。人を傷つけた場合は、まず自賠責保険で補償し、それを超える部分については対人賠償保険でカバーします。

Q　自分の補償とは。

A　運転者や同乗者がケガをした場合に治療費などを補償するのが、人身傷害保険や搭乗者傷害保険です。車両保険は自分の車の修理代を補償します。自分の補償には、保険に未加入など賠償能力がない相手との事故に備える意味もあります。車両保険は加入しないケースが珍しくありません。

Q　賠償額はどのように決まりますか。

A 自動車同士の事故では状況などを踏まえて、双方の責任（過失割合）を決め、それに応じた負担をするのが基本です。例えば自分の責任が2割、相手が8割だったとしましょう。自分の損害金額が10万円だったら2万円分は自己負担です。自動車保険に入れば過失割合の交渉は原則、保険会社がします。

Q **安全運転を徹底すれば負担減につながるともいえますね。**

A 自動車保険は安全運転を促すよう設計されています。代表例が「等級制度」です。事故を起こさなければ等級が上がり、保険料を割り引く仕組みです。等級は20段階で、新規加入者は6等級から始まるのが基本です。1年間無事故なら1つ上がり保険料が下がります。事故を起こして保険を使うと原則3つ下がり、3年間は割高な保険料体系が採用されます。

Q **免許が「ゴールド」なので割引がありました。**

A 自動車保険は過去の事故の実績を踏まえて細かく保険料を設定しています。運転する人の年齢や車種、用途などによっても保険料が変わります。若い人による運転やスポーツカーなどは事故を起こす確率が高いとされます。リスクに応じた保険料を設定し、保険料の負担を公平にしているといえます。

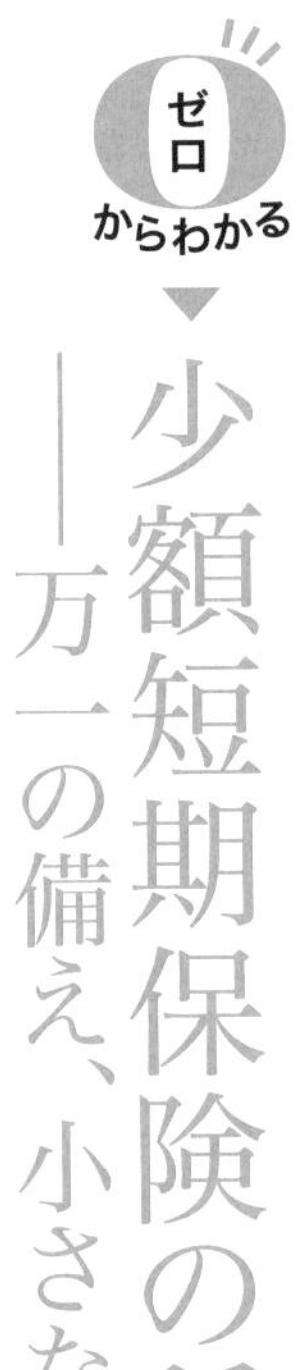

少額短期保険の種類
――万一の備え、小さなニーズも

ストーカー対策、孤独死への備え、急な出張でイベントに行けなかったときの備え――。特徴のある保険商品を運営する会社には「少額短期保険」という名前がついていることがあります。新規参入する事業者が相次いでおり、契約数も増えています。

Q　少額短期保険とはどんなものですか。

A　保険金額が「少額」で契約が「短期」の保険の総称です。ミニ保険とも呼ばれます。法改正により２００６年に専門に扱う少額短期保険会社が誕生しました。保険金額や契約期間には上限があり、保険金額は損害保険で１０００万円、死亡保険で３００万円、医療保険は80万円です。保険期間は生命保険分野が1年、損害保険分野が２年までです。いずれも一般の保険に制限はありません。

Q　金額や期間以外で違いはありますか。

ミニ保険と一般の保険の違い

	ミニ保険	一般の保険
貯蓄性商品	なし。掛け捨てのみ	あり
保険期間	生保は1年、損保は2年以内	制度上の制限なし
保険金額	最大1000万円	同上
保険料控除	対象にならない	対象になるものがある

A　一般の生損保ではあまりみられない補償内容の商品が目立ちます。例えば急病などで旅行に行けなかったときにキャンセル料を補填する保険や、ストーカー被害に遭ったときに引っ越し代などを出す保険。結婚式を中止した場合の費用や、スマートフォンの端末を破損したときの修理費用を補償する商品もあります。

Q　なぜ特徴のある商品を出せるのですか。

A　一般の保険会社の商品は多くの契約者と長く取引をする前提で設計します。そのため発売までの時間や費用が膨らみがちで、市場規模の小さな商品は投入しにくい面があります。少額短期保険を傘下に持つ日本生命保険は「商品開発でチャレンジがしやすい」と理由を説明しています。ミニ保険会社は従来なかった商品を投入し、一般の生損保との違いを打ち出す狙いもあります。

Q　様々な商品が出てくるのは当事者にはメリットですね。

A　ミニ保険でヒットした商品を一般の保険会社が取り入れるといった事例もあります。例えば賃貸住宅の入居者が孤独死した場合の原状回復費用や遺品整理費用などを賄う保険商品は、ミニ保険として最初

細かなニーズに対応する商品がある（例）

- **死後の費用**（賃貸住宅の原状回復や遺品整理）
- **キャンセル時の補塡**（航空券代、イベントのチケット代）
- **ストーカー対策費**（防犯機器の購入、一時避難の宿泊費）
- **スマートフォン関連**（紛失・盗難、データ復旧時の費用）

に発売されました。今では大手損保の多くが同様の補償がある商品を扱っています。

Q　少額短期保険を契約する際に注意すべき点はありますか。

A　生命保険や医療保険などを契約した際に、払った保険料に応じて所得税が軽減される保険料控除が適用されません。また、保険会社が経営破綻した場合の対応も異なります。一般の保険会社は「契約者保護機構」という組織が資金を出すなどして契約者を保護します。ミニ保険の場合は各社が法務局に差し入れた供託金の中から保険金を支払う仕組みで、契約者を守る機能は比較的弱いといえます。

第7章

税がわかる

会社員の確定申告
──医療費や寄付で税を還付

例年、年が明けると確定申告を呼びかけるポスターなどを目にする機会が増えます。確定申告は所得税を納めるための重要な手続きですが、会社勤めの人には縁遠いと思われているかもしれません。どのような仕組みになっているのでしょう。

Q　確定申告とは何ですか。

A　個人が1年間（1～12月）に稼いだお金に応じた、所得税を納めるための手続きです。収入からいわゆる必要経費を引いた「所得」と税額を計算する申告書を作成し、税務署に提出します。例年、２月16日から３月15日が期間となります。個人で事業を営む人やフリーランスの人は原則として申告をしなければなりません。年金受給者なども必要になることがあります。一方、会社員の多くは確定申告の必要がありません。

Q　なぜですか。

確定申告でメリットがある人の例

支出や行為など	対応する控除
医療費が多く(10万円または「所得」の5%超)かかった	医療費控除
住宅ローンを組んだ	住宅ローン控除(住宅借入金等特別控除)
ふるさと納税をした	寄付金控除
日本赤十字社など特定の団体に寄付をした	寄付金控除
災害や盗難などの被害に遭った	雑損控除

A 会社員は会社経由で所得税を納めているからです。毎月の給料やボーナスを受け取る際に、金額に応じて機械的に決めた「仮の所得税額」が天引きされています。会社員の所得税は基本的には給料と経費にあたる控除で決まります。会社は年末に社員の扶養する家族や払った保険料などに応じた控除を反映した納税額を計算し、仮の所得税額との差額を調整します。これを年末調整といいます。その結果、多くの会社員は過不足なく所得税を納められるのです。

Q **会社員が確定申告をするのはどんな場合ですか。**

A 大きく2つのケースがあります。まず、働き方や収入が特定の条件にあたる人です。給料が年2000万円を超える人や給料以外の所得が年20万円を超えた人、2カ所以上の会社から給料を得ている人などは必要があります。

Q **もう1つは。**

A 年末調整で扱われない控除を受ける場合です。代表例が医療費控除です。病気の治療などの費用が年10万円を超える

確定申告の流れ

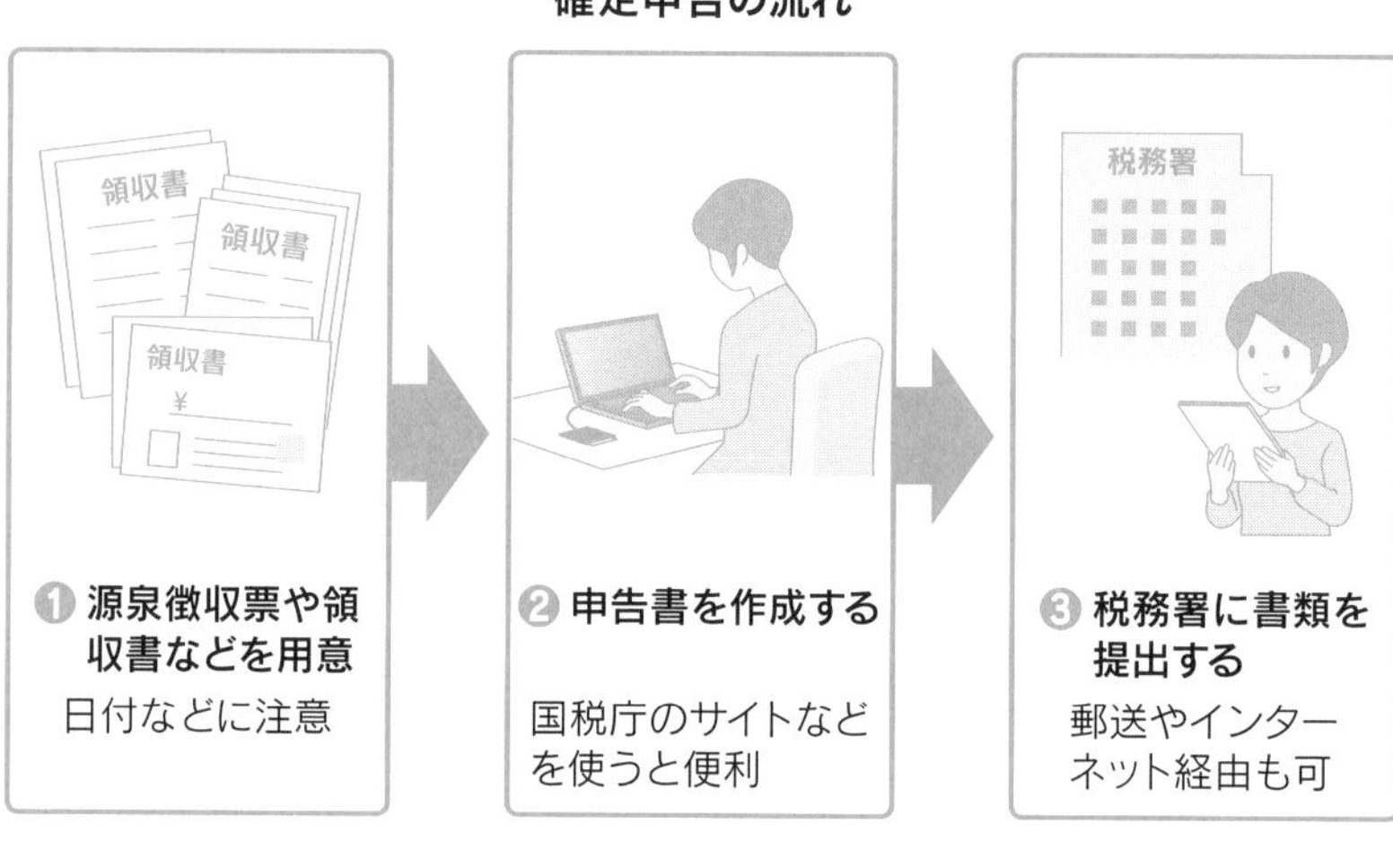

などした場合、一定部分を「必要経費」と捉え、税を軽減する仕組みです。そのほか特定の相手への寄付や自然災害での損害なども控除の対象となることがあります。こうしたケースでは確定申告をすると、「払いすぎ」た税金が戻ってきます。

Q　確定申告ではどのような作業をするのですか。

A　まずは源泉徴収票と控除対象の支出の証拠となる領収書などを用意します。源泉徴収票は年末調整後の所得や納税額を記載したもので、会社員は通常、1月に会社から受け取ります。それらを基に申告書を作成します。国税庁はパソコンなどでサイトに接続し、指示通りに入力すると書類が完成する仕組みを用意しています。

Q　具体的にどのような支出が控除の対象になるのでしょうか。

医療費控除の対象例

控除できる	控除できない
•医師、歯科医師による診療費・治療費	•異常がなかった場合の健康診断の費用
•治療に使う医薬品代(処方、市販とも)	•健康増進のためのサプリメント代
•通院のための電車・バス代	•通院に使った自家用車のガソリン代
•看護師などによる療養上の世話代	•親族に付き添いを頼んだ場合の謝礼

A　例えば、医療費控除では治療に関する費用が認められます。病院の窓口で払った医療費のほか、薬局で買った市販の風邪薬代、通院のバス代も認められます。一方で、健康増進のためのサプリメントや「異常が見つからなかったときの健康診断費用は対象外」(藤曲武美税理士)です。寄付金の控除は特定の団体への寄付やふるさと納税が対象です。不明な点は国税庁のサイトで調べたり、専用の窓口で聞いたりしましょう。

Q　**作った書類は税務署に持って行くのですか。**

A　住所を管轄する税務署に提出します。作成した書類を紙に印刷して直接持って行くか、郵送します。ネット経由で書類を提出する「e-Tax」と呼ばれる方法もあります。

Q　**2～3月は仕事が忙しく、作業をする暇がありません。**

A　払いすぎた税が戻る「還付申告」は該当する年の翌年1月1日から5年間可能です。確定申告の期間中でなくても問題はないともいえます。還付申告は年初から受け付けており、早めに作業をするのも手です。一方で、確定申告により税を納める場合は期間を守らないと、税の納付が遅れたことになり「延滞税」が発生します。

源泉徴収の仕組み
──納税手続き、会社が代行

新年度が始まると、新入社員は間もなく初任給を受け取ります。初めて給与明細を見たときに気になるのが支給額と実際の手取りとの差。理由の一つが税の「源泉徴収」という仕組みです。

Q　源泉徴収とは何ですか。

A　税金を勤め先などがあらかじめ差し引くことです。会社員の場合は給料から所得税などが引かれます。所得税は所得の額に応じて納める義務があります。本来は1月から12月までの所得に対して納税額が決まります。ところが会社員の場合は毎月、給料から「1カ月分」が引かれ、勤め先を通じて納めることになります。

Q　給与明細をみると所得税以外も引かれています。

A　会社は給料を払う際に、従業員が負担すべきお金を差し引いて銀行口座に振り込んでいます。いわゆる「天引き」と呼ばれるものです。天引きの対象は勤め先により異なりま

源泉徴収（所得税）のイメージ

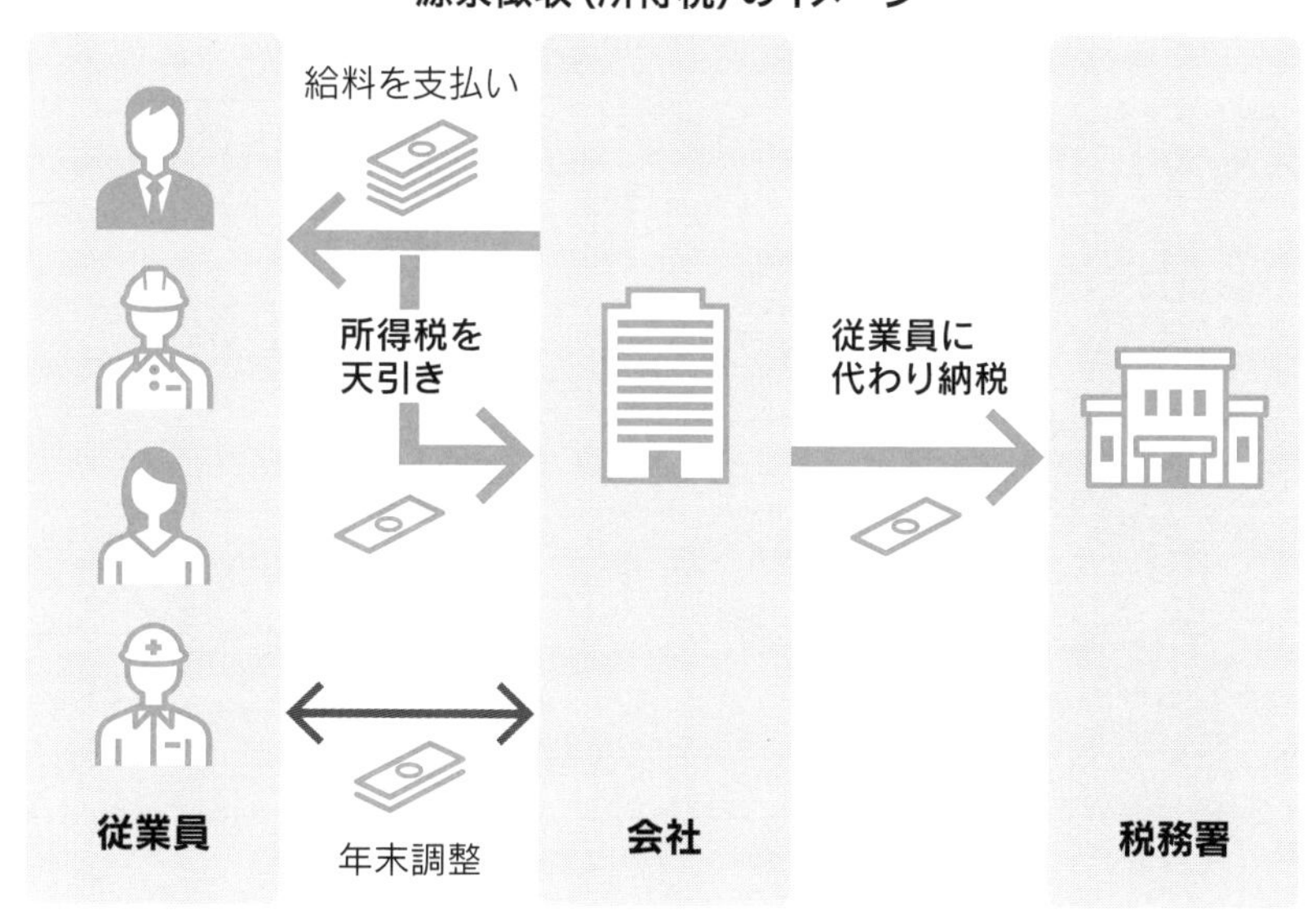

すが、大きなものには社会保険料と税があります。社会保険料は病気やケガ、失業などに備えるための健康保険や雇用保険などの保険料です。税金は所得税のほかに住民税があります。住民税は通常、社会人2年目から払います。

Q　年間の所得で払う税を、なぜ毎月払うのですか。

A　税を徴収する国に都合がよいためといわれています。所得税は1年間に得た所得に基づき納税します。仮に給与所得者が1年分の収入を得た後、一斉に納税手続き（確定申告）をすると、税務署などの負担が大きくなることが考えられます。勤め先が毎月、給料から税を天引きして納めれば確実に徴税できるほか、実際にお金が入る時期を分散できます。

Q　従業員側にもメリットが

主な源泉徴収

対象例	天引きする金額
給料	収入などに応じた金額
ボーナス	
退職一時金	支給額から所定の控除額を差し引いた金額の2分の1に税率を掛けるなどした額
公的年金	所定の控除額などを差し引いた金額の約5%
預金の利子	所得税約15%、住民税5%
株の売却益	
株の配当	

（注）株の売却益・配当は源泉徴収ありの特定口座の場合

あるのですか。

A　納税の手間を減らせます。会社員の場合、源泉徴収など会社とのやり取りだけで納税手続きが完了できることが多くあります。源泉徴収がなくなれば、会社員全員が自ら税額を計算して書類を提出するといった作業が必要になるかもしれません。

Q　天引きする税額はどのように決めているのですか。

A　国税庁の「源泉徴収税額表」を基に決まります。従業員の給料のほか社会保険料の支払額、扶養する親族の数が手掛かりになります。いわゆるボーナスについても基本は同じです。

Q　本来払うべき税額とずれることはないのですか。

A　会社員一人ひとりの納税額は毎月の給料や

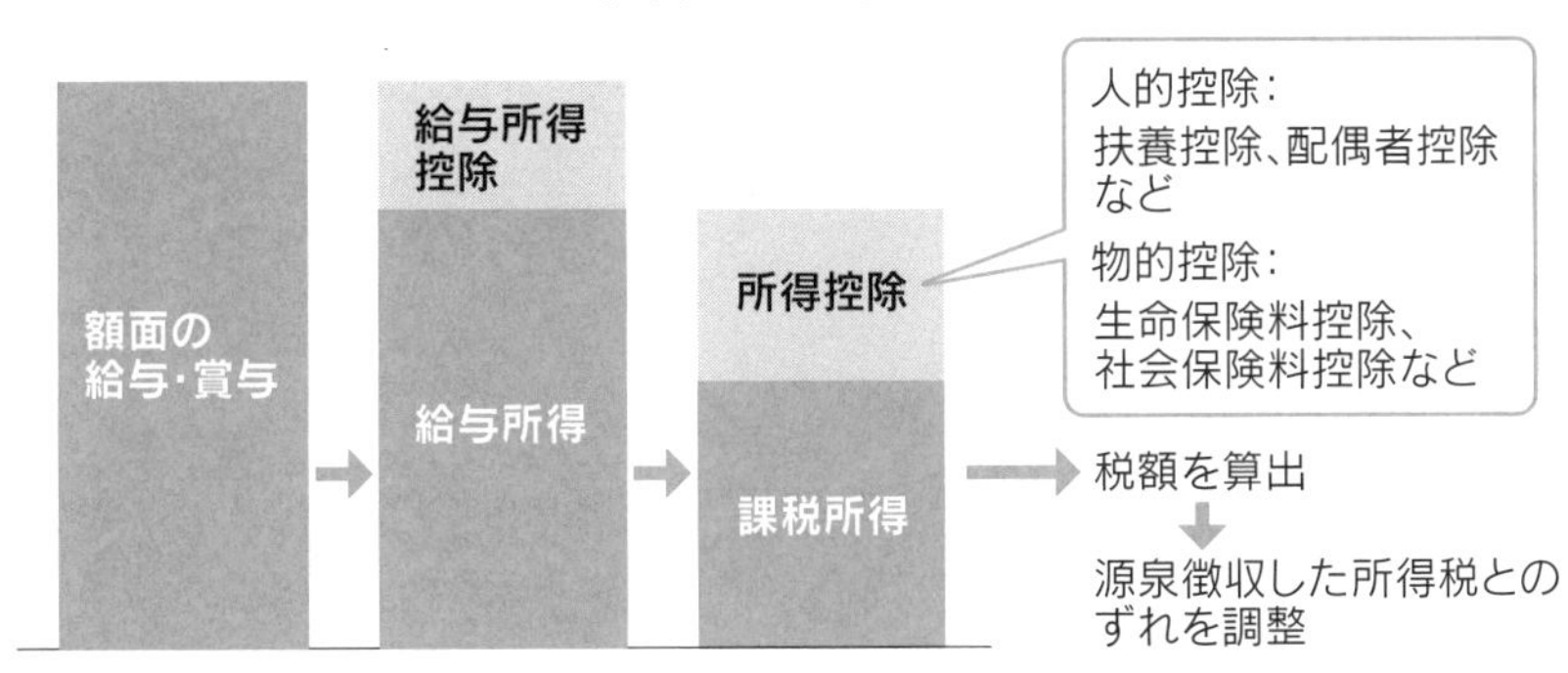

ボーナスのほか、家族構成や加入している保険、住宅ローンの残高など様々な要因で変わります。通常は12月に主な要因を反映した納税額を計算し、年間の納税額を適切にする「年末調整」をします。年末調整では税金を納めすぎていた分を従業員に払い戻すなどします。年末調整で多くの会社員の納税手続きは完了します。

Q　源泉徴収があるのは給料だけですか。

A　身近なところでは銀行預金や株などの取引でも使われています。例えば預金の利息には所得税や住民税がかかります。通帳に記載される利息は税を源泉徴収したあとの金額です。銀行が税を天引きして納めています。証券会社の「源泉徴収ありの特定口座」でも株の売却益や配当について、所得税などが源泉徴収されます。公的年金や退職一時金にも源泉徴収があります。

Q　注意点はありますか。

A　源泉徴収では自身の納税額が最も有利になるとは限りません。例えば複数の証券口座を持っていて、1つの口座で損失を出した場合。源泉徴収のままでも手続きに問題はありませんが、確定申告をすると税の負担を軽減できることがあります。給与所得者は納税手続きを勤め先に任せていれば問題がないため「自分が納めている税や社会保険料に対する意識が希薄になりやすい」（藤曲武美税理士）との指摘もあります。

住民税の役割と決まり方
――身近な行政サービスの「対価」

例年6月ごろに給与所得者は勤め先を通じて「住民税決定通知書」を受け取ります。通知書には6月から払う住民税額が記載されています。住民税は国に納める所得税などとは異なり、居住する地方自治体に支払います。どのような仕組みで何に使われるのでしょう。

Q　住民税とは何ですか。

A　税金は大きく国に納める国税と地方自治体に納める地方税に分けられます。給与などの所得に課せられる税金のうち、国税が所得税、地方税が住民税です。個人が納める住民税は法人と区別して個人住民税とも呼ばれます。

Q　何に使われるのですか。

A　住民税は主に教育や福祉、消防・救急、ごみ処理といった身近な行政サービスに使われます。住民税には都道府県民税と区市町村民税があり、1月1日時点で住所がある自治

住民税と所得税の違い

	住民税	所得税
税の種類	地方税	国税
課税対象	前年の所得	その年の所得
納税方式	所得税の確定申告などをもとに自治体が税額を計算・通知	納税者が所得と税額を自分で計算し申告。給与の場合は勤め先が計算、天引きして納税。年末に精算(年末調整)
税額	・均等割:定額(標準5000円) ・所得割:所得の10%	・超過累進税率(所得額に応じて5〜45%の7段階)
所得控除の例	・基礎控除43万円 ・配偶者控除、扶養控除33万円	・基礎控除48万円 ・配偶者控除、扶養控除38万円

(注)所得控除の例は条件により金額が異なる

体に支払います。2022年度の税収は国税と地方税を合わせて約120兆円。そのうち地方税が約4割を占め、個人住民税は約13兆円です。

Q　税額はどのように決まるのでしょうか。

A　住民税は一定の所得があれば誰もが等しく課される「均等割」と、所得に応じて課税される「所得割」で構成されます。均等割は都道府県民税が1500円、区市町村民税が3500円の合計5000円が標準です。自治体によっては独自の上乗せがあります。

Q　所得割は。

A　前年の所得に対し10%が課されます。内訳は都道府県民税が4%、区市町村民税が6%が基本です。所得税は所得が多いとその分について税率が上がりますが、住民税は税率が一律です。大和総研シニアエコノミストの神田慶司さんは「国税

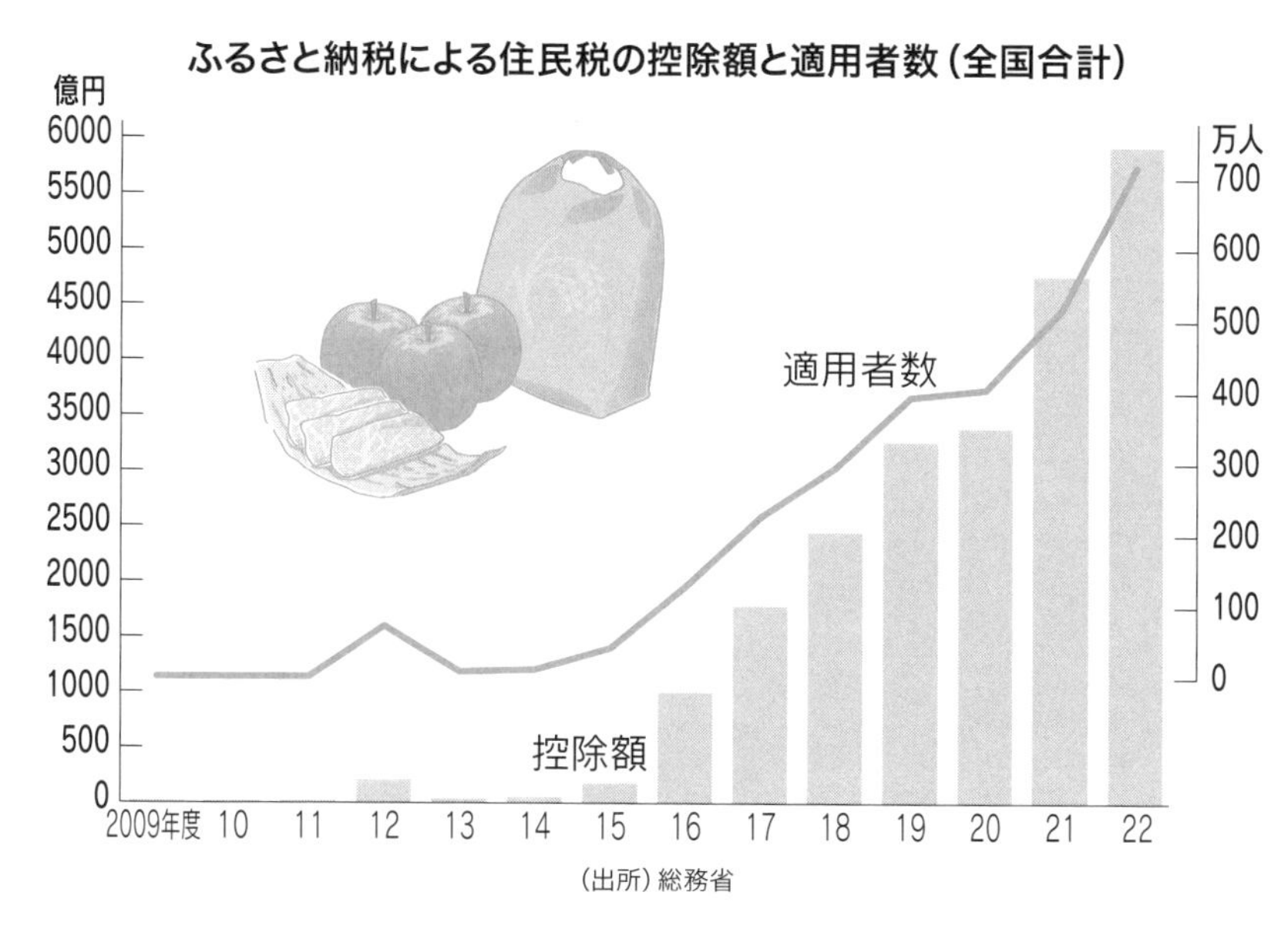

が富の再配分や景気の調節機能などを担うのに対し、住民税は地域サービスへの対価との意味合いが大きいため負担の差が比較的小さい」と解説します。

Q　課税される所得とはどんなものですか。

A　会社からの給与や不動産を貸して得る家賃、株式の配当など10種類です。所得とは収入から必要経費を引いたものです。さらに扶養する家族の数や支払った保険料、負担した医療費などに応じた金額を引きます。これを所得控除といい、控除後の金額に税がかかります。辻・本郷税理士法人の伊藤健司税理士は「控除の種類は住民税と所得税でほぼ同じで、金額は異なる」と説明します。例えば、一般的な給与所得者に適用される基礎控除は所得税が48万円、住民税が43万円です。

Q　負担が気になります。

A　所得が一定水準以下の場合は住民税は非課税です。収入が給与のみで扶養家族がいない場合、自治体にもよりますが年収100万円以下といった条件で住民税額はゼロになります。世帯全員が住民税非課税なら「住民税非課税世帯」となり国民健康保険料の減免や医療費が膨らんだ場合の自己負担額の軽減といった支援を受けられます。

Q　納税の方法は。

A　会社員の場合、毎月給与から天引きされます。これを特別徴収といいます。前年の所得に基づいた額が6月から翌年5月まで適用されます。自営業者などは区市町村から送付される納税通知書をもとに原則年4回に分けて納付します。収入のあった翌年6月以降に支払うので、退職後など収入が急減した際には注意が必要です。

Q　ふるさと納税をすると、税収が減ると聞きました。

A　ふるさと納税は好きな自治体に寄付をする仕組みです。所得に応じた上限までは、寄付した金額から2000円を引いた額が主に住民税から控除されます。結果的に居住地に納める税金を減らし、その分を寄付をしたことになります。返礼品などを目当てにふるさと納税をする人は増えています。都市部の住人が地方に寄付をするケースが多く、「税収が減少して行政サービスの低下につながりかねない」と主張する自治体もあります。

▼ふるさと納税と寄付金控除
──自治体に寄付、税優遇厚く

毎年12月になると、ふるさと納税の利用が増えます。その年の「締め切り」を迎えるためです。ふるさと納税は地方の特産品などが受け取れ、しばしば「お得な制度」とも呼ばれます。どのような仕組みになっているのでしょう。

Q ふるさと納税はなぜ、お得だといわれるのですか。

A ふるさと納税は「納税」という名称ですが、自治体に寄付をする制度です。寄付した自治体によっては特産品などの返礼品をもらえます。その人の年収や家族構成などで決まる年間の「上限額」までは、いくら寄付をしても実質の負担は2000円です。総額5万円のふるさと納税をして、返礼品が1万円相当なら、2000円を引いた8000円分得をするので「お得」といえます。

Q 負担額より返礼品のほうが高いのは不思議です。

ふるさと納税の主な手続き

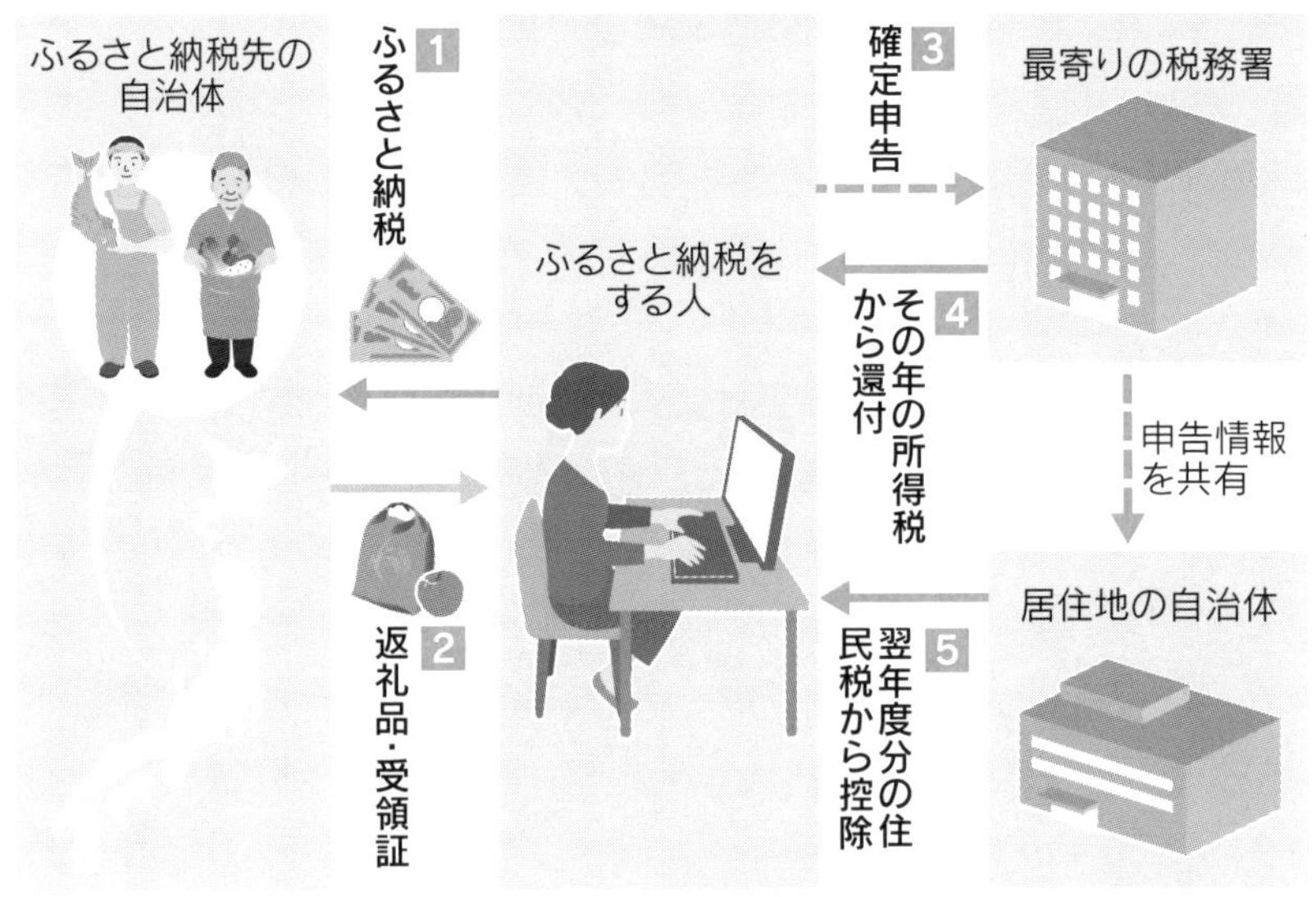

（注）確定申告をするケース。返礼品がない場合もある

A　返礼品は地方自治体が地元の企業などから調達します。その原資はふるさと納税による寄付です。自治体から見れば一部を返礼品に使っても、収入が増えれば財政にプラスで、地元品の宣伝にもなります。返礼品は寄付の3割相当までとされています。返礼品人気などもあり、自治体がふるさと納税を受け入れた件数は2022年度に約5180万件と、毎年増加傾向にあります。

Q　返礼品を受け取るだけでは、お得にならないのでは。

A　ふるさと納税をすると「寄付金控除」などにより税が軽くなります。会社員が確定申告をして控除を受ける場合で説明しましょう。まず、ふるさと納税の金額（寄付金額）に応じて、その年の課税対象となる「所得」が少なくなり、納め過ぎた税金が還付されます。

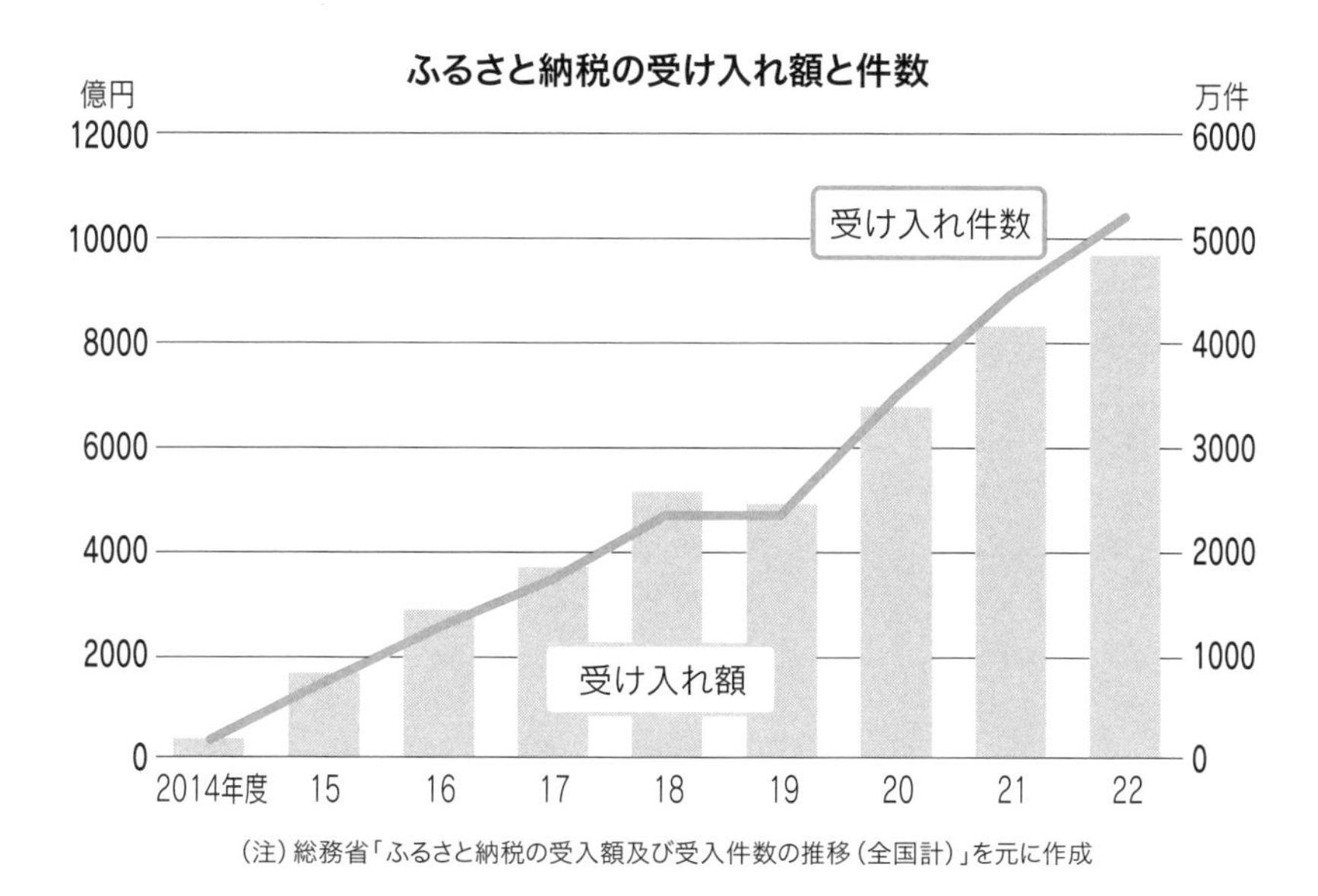

（注）総務省「ふるさと納税の受入額及び受入件数の推移（全国計）」を元に作成

さらに翌年度の住民税も寄付の額に応じて軽くなります。結果的に国や住んでいる自治体に納めていた税の一部を好きな自治体に払うことになります。

Q なぜ、このような制度があるのでしょうか。

A ふるさと納税には「自分の意思で選んだ自治体を応援できる」（総務省）という役割があります。自治体によっては寄付をしたお金の使い道を「子育て支援」「産業振興」といった中から選べます。この数年では、災害対応や新型コロナウイルス対策などの支援を目的に、返礼品のない寄付を募るケースも目立っています。

Q 使い道が選べるのは納得感があります。

A そう考える人は多いようです。一方で寄付をする人が多い自治体から見れば、本来得られたはずの税が減ってしまいます。ふるさと納税の利用によって住民税が減少した自治体は減収分の75％が地方交付税で補填されます。しかし、税収が比較的多い東京23区などは対象外で、減少分を補うことができず、行政サービスが低下しかねないとの指摘もあります。

Q　利用する際の注意点はありますか。

A　「お得に使う」前提なら、自分の上限額を把握することが大切です。目安は総務省のウェブサイトなどで調べられます。総務省によると給与収入５００万円で共働き（高校生以上の子どもなしなど条件）の人は６万１０００円。上限を超えた分は自己負担となります。上限は1月から12月までの収入などで決まります。目安に対し、余裕を持たせた方が無難です。

Q　確定申告をしたことがなく、手続きが面倒そうです。

A　税の控除を受けるには原則として確定申告が必要です。ただ、ふるさと納税をした先が年間5団体以内なら申告をせずに済む「ワンストップ特例制度」が使えます。翌年の1月10日までに寄付先の自治体に書類を提出します。医療費控除を受けるなど、別の理由で確定申告をする場合、ワンストップ特例の手続きは無効になります。その場合は改めてふるさと納税についても申告をしましょう。

贈与税のルール
──生活費や学費、原則非課税

生活費の支援や大きな買い物の支払いなど、親族の間でお金を融通することはよくあります。財産を他人にあげることは贈与と呼ばれ、内容によっては「贈与税」がかかることがあります。

Q 人にお金を渡したら税金がかかるのですか。

A 財産をあげる人がその意思を示し、もらう人が合意すると「贈与」となります。基本的には個人から一定額以上の財産を無償でもらうと、金額に応じて贈与税がかかります。課税対象となる財産はお金のほか、金銭に見積もることができるものです。株などの金融商品や土地・建物、車、貴金属、絵画なども対象です。

Q 家族にお金を送ると贈与になるのでしょうか。

A お互いに扶養する義務がある家族間では、日常の生活費や教育費などに贈与税はかかりません。例えば下宿する大学生の子に、親が仕送りをしたり学費を払ったりしても税は

贈与税がかかるケース、かからないケース

かからない 	かかる可能性 
・下宿する大学生の子に、親が月数万円を仕送り	・大学生の子に、親が4年分の学費・住居費として900万円を一括送金
・親が子の結婚式費用を負担した	・父が保険料を支払った満期保険金を子が受け取った
・祖父母が孫の学費を支払い	・祖父母からもらった300万円で孫が株式投資
・祖父母が孫に50万円のお年玉	・夫が妻に1000万円相当の宝石をプレゼントした

（注）条件により結果が変わることもある

かかりません。しかし、日常生活の範囲を超える金額の贈与は課税対象となることがあります。

Q　祖父母が孫にお金を渡す場合はどうですか。

A　孫の学費を祖父母が直接振り込むような場合は非課税です。生活費など必要な金額を、そのときに渡す場合（都度贈与）は原則として課税対象になりません。しかし、入学時に数百万円を渡すといった場合は贈与税がかかる可能性があります。生活費の名目で贈与を受けた場合でも、それを預金や株式投資に充てたら課税される可能性があります。

Q　他にどんなお金は非課税なのですか。

A　結婚式の費用や出産費用の支援、祝い金、香典などは、常識的な金額なら贈与税がかからないとされています。一方で直接お金やモノを渡さなくても「実質的な贈与」とみなされるケースがあります。

贈与税の計算イメージ（暦年課税のケース）

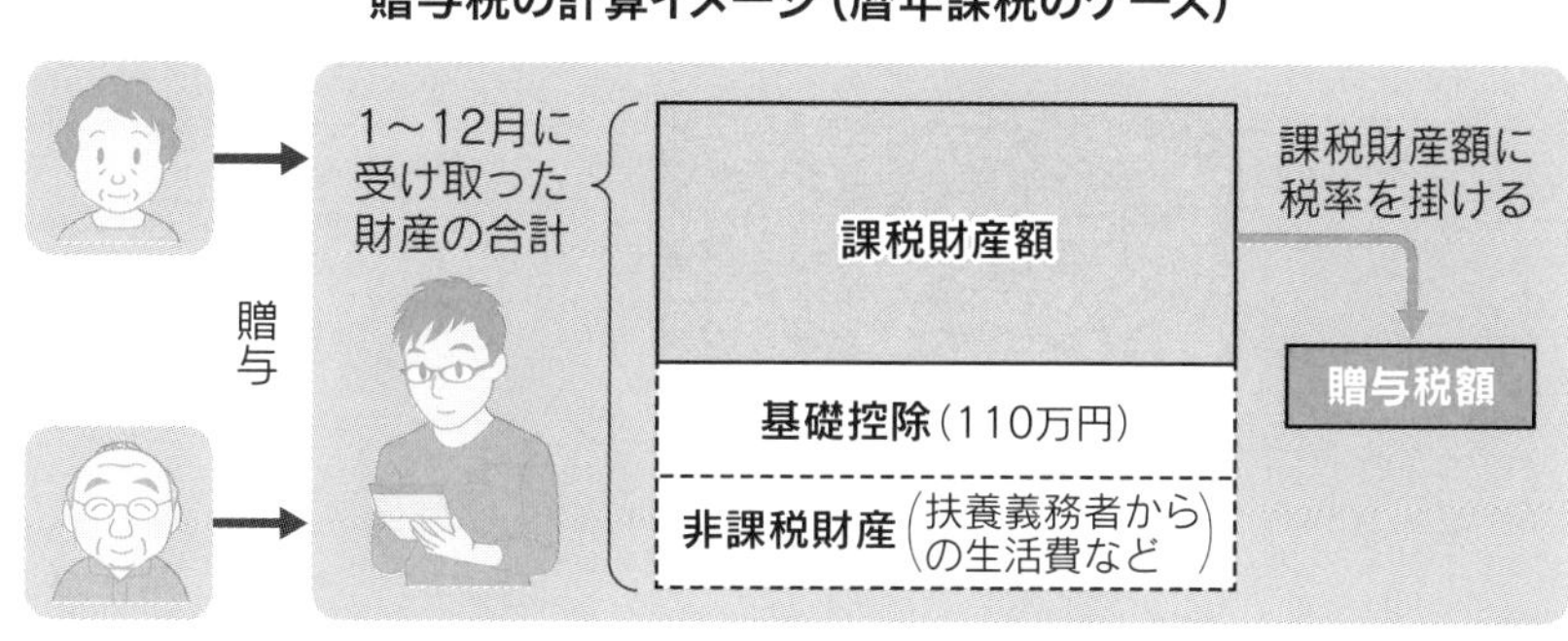

例えば、土地を時価より著しく安い値段で譲る、借金を肩代わりするといったものです。保険商品で保険料を払った人と保険金を受け取った人が異なる場合も、贈与とみなされることがあります。

Q 課税対象になる金額はいくらですか。

A 贈与税は原則として1年間（1月1日から12月31日まで）に受け取った金額に応じてかかります。基礎控除の110万円までは贈与税がかからず、それを超えた金額が課税対象となります。同じ年に複数人から贈与を受けた場合は合算します。例えば祖母と祖父からそれぞれ100万円ずつ贈与を受けた場合は200万円。110万円を超える90万円に対して税がかかります。

Q 総額が重要なのですね。

A 多くの資産を持つ高齢者が、子どもなどに基礎控除の範囲内で財産を渡すケースがよくあります。何年も続けると、贈与税がかからず、相続時の財産が減らせるので将来の相続税を軽くする効果が期待できます。贈与税には生前に多額の贈与をして、相続税の課税を逃れるのを防ぐ役割もあるといえます。

多額の贈与が非課税となる特例も

	上限額	資金使途
住宅取得資金	1000万円	マイホームの購入や増改築など
教育資金	1500万円	学校の授業料や塾の月謝など
結婚・子育て資金	1000万円	挙式や新居の準備、子の医療費・保育料など

（注）適用条件を満たす必要がある

Q　何度も分けるのは手間も時間もかかりますね。

A　使途が決まっているお金については、まとめて贈与をしても非課税となる特例を使える場合があります。父母や祖父母から住宅取得資金をもらった場合は最大１０００万円、結婚・子育て資金は最大１０００万円、教育資金も最大１５００万円の非課税枠があります。いずれの制度も期限があり、受け取る側の年齢や所得など、複数の適用条件を満たさなければなりません。

Q　贈与税の申告はどのようにするのですか。

A　贈与を受けた年の翌年2月1日から3月15日までに、税務署に申告書と必要な書類を併せて提出します。特例で贈与税がゼロになる場合も申告が必要です。贈与税の支払いは現金一括納付が原則です。

第8章

住宅ローンがわかる

住宅ローンの固定型と変動型
——金利上昇、リスクに違い

金融機関は新たに借りる人向けの住宅ローン金利をホームページなどに掲載しています。住宅ローン金利は複数の種類があり、それぞれ異なる動きをします。なぜ種類によって動向が違うのでしょう。

Q 住宅ローンの金利にはどんな種類があるのですか。

A 住宅ローンには主に3つの種類があります。完済するまで金利が一定の全期間固定型、当初の一定期間は金利が一定で、その後に金利タイプを選ぶ固定期間選択型、半年ごとなどに金利を見直す変動型です。２０２２年以降、全期間固定や固定期間選択で期間が10年といった長い期間金利が一定のタイプの金利が上昇しました。

Q なぜですか。

A 住宅ローンの金利は各金融機関が市場の金利などを参考に決めます。固定型の金利は債券市場の国債利回りなどが手掛かりで、長期の国債の利回りが上昇したことを反映しま

住宅ローン金利の種類

種　類	仕組み	注意点
変動型	半年ごとに金利を見直す	金利が上昇すると支払利息が増加
固定期間選択型	当初の一定期間、金利を固定	固定期間終了後に金利が大きく変わる可能性
全期間固定型	返済期間中の金利が一定	変動金利の水準が低いままなら、支払利息は相対的に多くなる

した。

Q **変動型はどうですか。**

A 23年までは金利は上がっていない金融機関がほとんどです。大手銀など多くの銀行の変動型は短期プライムレート（短プラ）と呼ばれる金利に1％を上乗せした水準を基準金利としています。短プラは銀行が優良企業に1年未満の期間で貸し出す際の金利です。通常は日銀の金融政策の影響を受けます。２００９年以降、短プラは年1・４７５％で変わっていません。銀行間の競争激化により基準金利からの引き下げ幅が拡大し、変動型の適用金利は年０・５％を下回ることもあります。

Q **固定型はなぜ市場の金利を参考にするのですか。**

A 金融機関は預金などで集めたお金を企業や個人に融資します。基本的に預金者などに支払う金利と融資先に貸し出す金利の差が利益になります。金利は経済情勢などで変化します。金融機関が住宅ローン金利を低く設定しすぎると損をします。そこで手掛かりとして市場の金利を使うのです。

金利上昇時の影響

金利が上昇すると…

▶変動金利の場合

返済額は**増加**　利益は得やすい　利息は**増える**

▶固定金利の場合

返済額は**変わらず**　利益は減りやすい　利息は**増える**

Q　固定型と変動型で手掛かりが違う理由は。

A　住宅ローンは35年といった長期間の取引です。そのため返済期間中に金利が大きく変動するリスクが問題になります。全期間固定の場合、将来、金利が上昇しても債務者の返済額は変わりません。一方で一般的に金融機関は預金者に払う利息が増え、利益を減らす可能性があります。そこで市場で決まる国債の金利などを住宅ローン金利の参考にします。市場では投資家がその時々の経済情勢から将来を予測して債券などを売買するため、通常、市場の金利水準は将来予測といえるからです。

Q　変動型の場合は。

A　一般的に金利を半年ごとに見直すので、短プラが上がれば住宅ローン金利も上がる

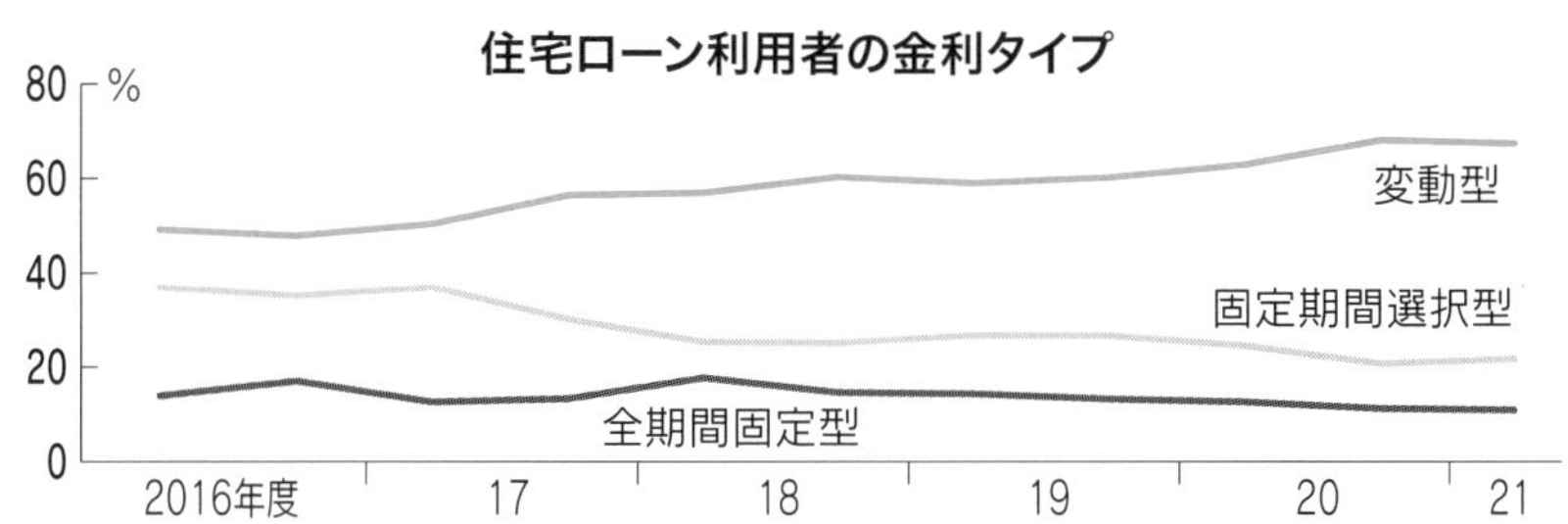

住宅金融支援機構「住宅ローン利用者の実態調査」。調査対象期間は各年度2回ずつで、21年度の1回目までのデータ

と考えられ、債務者の返済額は増えます。金融機関から見ると預金者に払う利息も債務者からの利子も増えるので、損益に大きく影響しません。固定型は金利上昇リスクを銀行が負い、変動型は債務者が負うといえます。

Q 固定型と変動型のどちらの利用が多いのですか。

A 住宅金融支援機構の「住宅ローン利用者の実態調査」によると、最も多いのが変動型で、2021年10月調査では67%が利用しています。金利が低いため変動型を選ぶ人が多いようです。

Q 金利が低いのは魅力です。

A 変動型は金利上昇時に繰り上げ返済などができるような「家計に余裕がある場合の選択肢」(ファイナンシャルプランナーの井上光章氏)といわれます。全期間固定型はローンを組んだ時点で返済額が確定するので、返済計画が立てやすく、金利の動向を心配する必要はありません。固定型の金利が高いのは、将来の金利上昇リスクを避ける「保険料」とも考えられます。

住宅ローンの適用金利
―収入や返済計画で「割引」

住宅ローンを組むときに最も気になるのは金利でしょう。変動型の金利は年０・５％を切るなど低水準が続いています。ところが金融機関のウェブサイトでは、同じ変動型の金利を２％超などと示すこともあります。なぜ違いがあるのでしょう。

Q　住宅ローンの金利はどのように決まるのですか。

A　一般に金融機関の融資では、借り手の返済能力に応じて金利を決めます。確実に返済できそうなら低く、そうでなければ高くなるのが原則です。住宅ローンも同じで、借りる人によって金利は変わります。現在、多くの人が利用するのは半年ごとなどに金利を見直す変動型です。多くの金融機関は金利を決める最初の手掛かりとして、短期プライムレート（短プラ）を使います。

Q　短プラとは。

住宅ローン金利の決まり方（変動型）

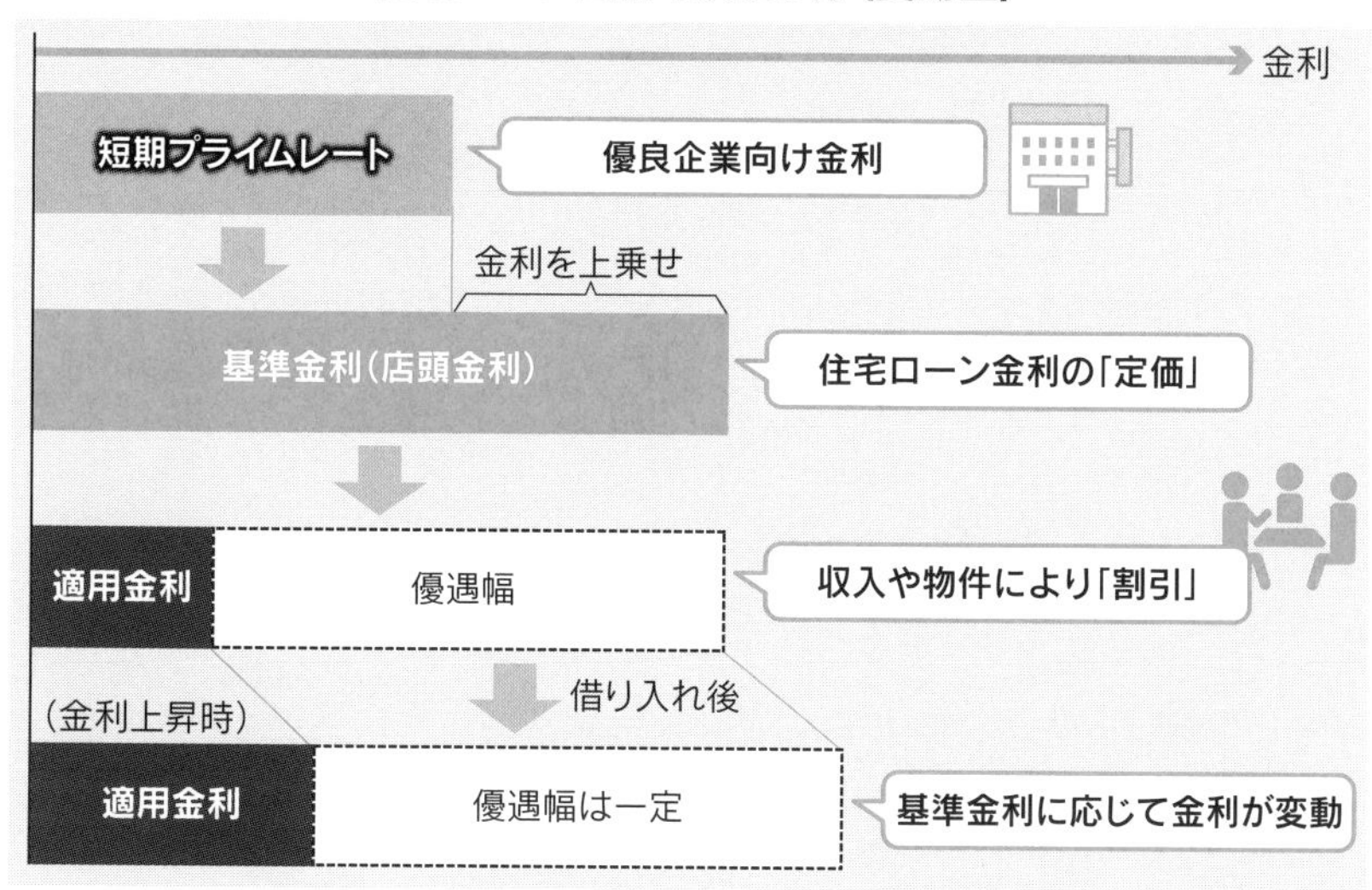

A　金融機関が返済能力を高く評価する企業に、1年未満の期間でお金を貸す時の金利です。金融機関は短プラに1％など一定幅を上乗せし、住宅ローンの「基準金利」を決めます。基準金利は住宅ローンの「定価」に当たり、店頭金利とも呼ばれます。大手銀行は毎月公表しており、2024年3月現在では年2・475％です。

Q　**実際の水準に比べ、だいぶ高い印象です。**

A　基準金利で住宅ローンを組むケースは少ないとみられます。一般的には基準金利から「優遇幅（引き下げ幅）」を引いた水準が、契約時の「適用金利」となります。優遇幅は定価からの割引といえ、申込時の審査によります。金融機関は個人の勤務先や収入といった属性や返済計画、物件に関する情報を確認します。確実に返済できると判断されれば、優遇幅は大きくなります。

Q　最終的な適用金利をあらかじめ知りたいです。

A　金融機関の多くは「引き下げプラン」などといった名称で最低水準の金利を示しています。変動型は24年3月時点で大手銀行で年０・３〜０・４％台です。２００９年以降、短プラは一定ですが、優遇幅の拡大により適用金利の水準は下がりました。ネット銀行の参入による競争激化などが背景にあります。

Q　基準金利を示す意味はないようにも思えます。

A　基準金利が重要になるのは借り入れ後です。一般に変動型のローンでは返済中の金利の優遇幅は一定です。基準金利が変動すれば、それに応じて適用金利も変わります。基準金利の目安となる短プラは、日銀の短期の政策金利に連動しがちです。日銀が短期の政策金利を引き上げると、短プラの上昇を通じて住宅ローンの基準金利、さらには適用金利も上がる可能性があります。

住宅ローン「フラット35」

──長期の固定金利、借りやすく

固定型の住宅ローンには金融機関が融資する商品のほか、住宅金融支援機構が提供する「フラット35」という商品もあります。同じ固定金利でも金融機関の商品とは仕組みが異なります。どのように違うのでしょうか。

Q　フラット35という商品名をよく聞きます。

A　全期間固定の住宅ローンは金融機関が提供する商品と、フラット35から選べることがあります。金融機関のローンは預金などで集めたお金を元手に、家を買う人に融資します。フラット35は金融機関を通じて融資をしますが、融資した元金と利息を請求する権利（債権）は全て住宅金融支援機構が買い取ります。

Q　なぜそのような仕組みにするのですか。

A　フラット35の主目的は長期の固定型住宅ローンを着実に供給することです。金融機関

全期間固定型の住宅ローン

	フラット35	一般的な金融機関の商品
返済期間	原則15年以上35年以内	35年以内
借入可能額	100万円以上8000万円以下	50万円以上1億円以下
利用できる人	保証料、保証人は不要。団体信用生命保険は任意加入	保証会社の保証を受け、団体信用生命保険に加入することが条件
金利優遇の条件	長期優良住宅やZEH(ゼロ・エネルギー・ハウス)など主に住宅の性能	主に利用者の信用力

(注) 一般的な商品の条件などは金融機関により異なる

が長期固定型ローンを直接融資すると、金利上昇リスクを抱えます。例えば契約後に金利が上がると、ローンの借り手から受け取る利息が一定なのに預金者に払う利子が増え、収益が悪化しやすくなります。経済環境によってはリスクに見合う収入を確保するため、貸出金利を大きく上げる事態もあり得ます。

Q　金利が高いと借りづらくなりますね。

A　フラット35は直接融資に比べ、金利の水準を抑えやすい仕組みです。大阪経済法科大学教授の米山秀隆氏は「銀行が単独で抱えきれないリスクを市場に移転させている」と解説します。住宅金融支援機構はフラット35の債権を集めて担保にした証券（MBS＝資産担保証券）を投資家に金融市場で売り、資金を調達します。証券を買った投資家はローンの借り手が支払う元利金を受け取ります。

Q　投資家がお金を貸しているような形ですね。

A　投資家から見るとMBSは着実な利回りが期待できる商

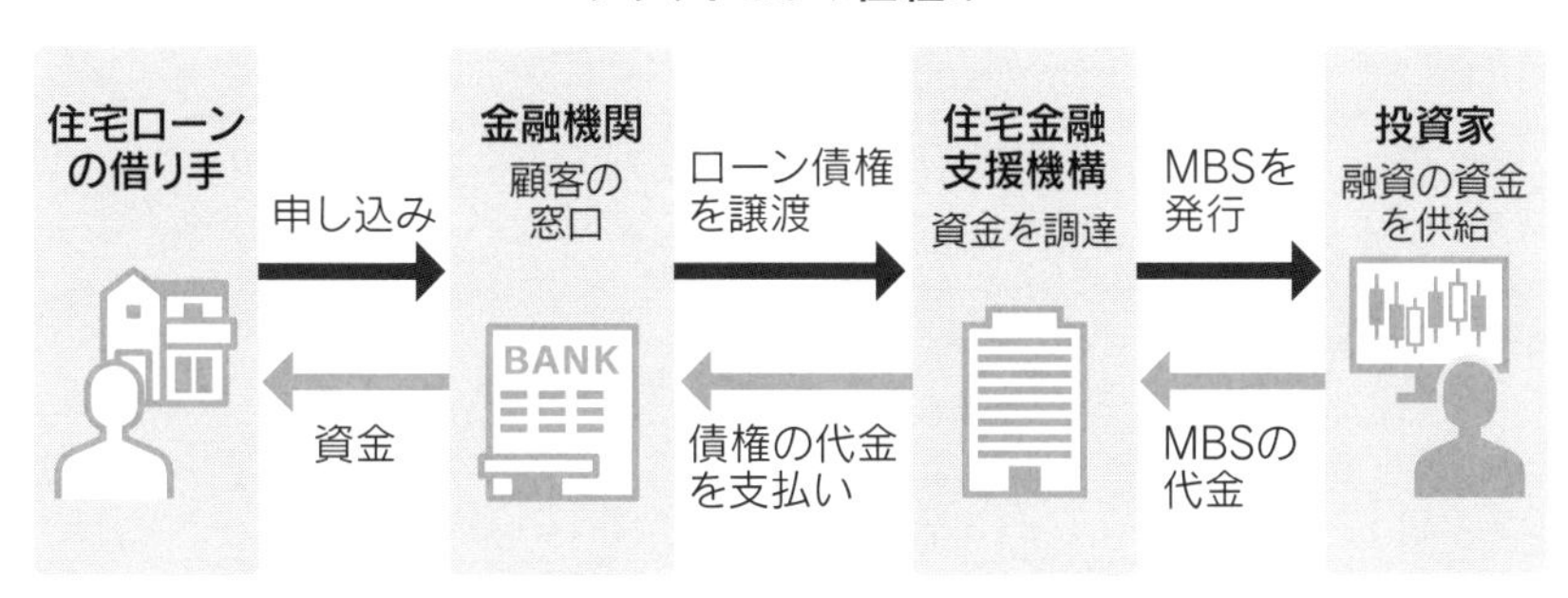

(注) 買取型の場合。機構が保有するローン債権は、信託銀行などに信託して保全される

品で、一定の需要があります。住宅ローンの借り手の元利金返済が滞った際は、MBSの元利金を機構が代わりに払う仕組みもあるからです。ただし、MBSを買った後に金利が上昇すると、保有するMBSの相対的な価値は下がります。そのため投資家が金利上昇リスクを負っているといえます。

Q 金融機関が提供するローンとどちらを選ぶべきでしょうか。

A フラット35は全期間固定型のみです。対象の住宅は床面積や耐久性、断熱性などの基準を満たす必要があります。省エネなど高性能の住宅では金利を下げます。民間のローンでは審査で雇用形態や勤続年数が重視されますが、フラット35は勤続年数が1年未満でも申し込めます。ファイナンシャルプランナーの中村宏氏は「金利や手数料などを踏まえ有利な方を選べばよい」と話します。

Q フラット35の金利はどのように決まるのですか。

A 金利はMBSの利率などをもとに、金融機関が手数料を

フラット35の金利

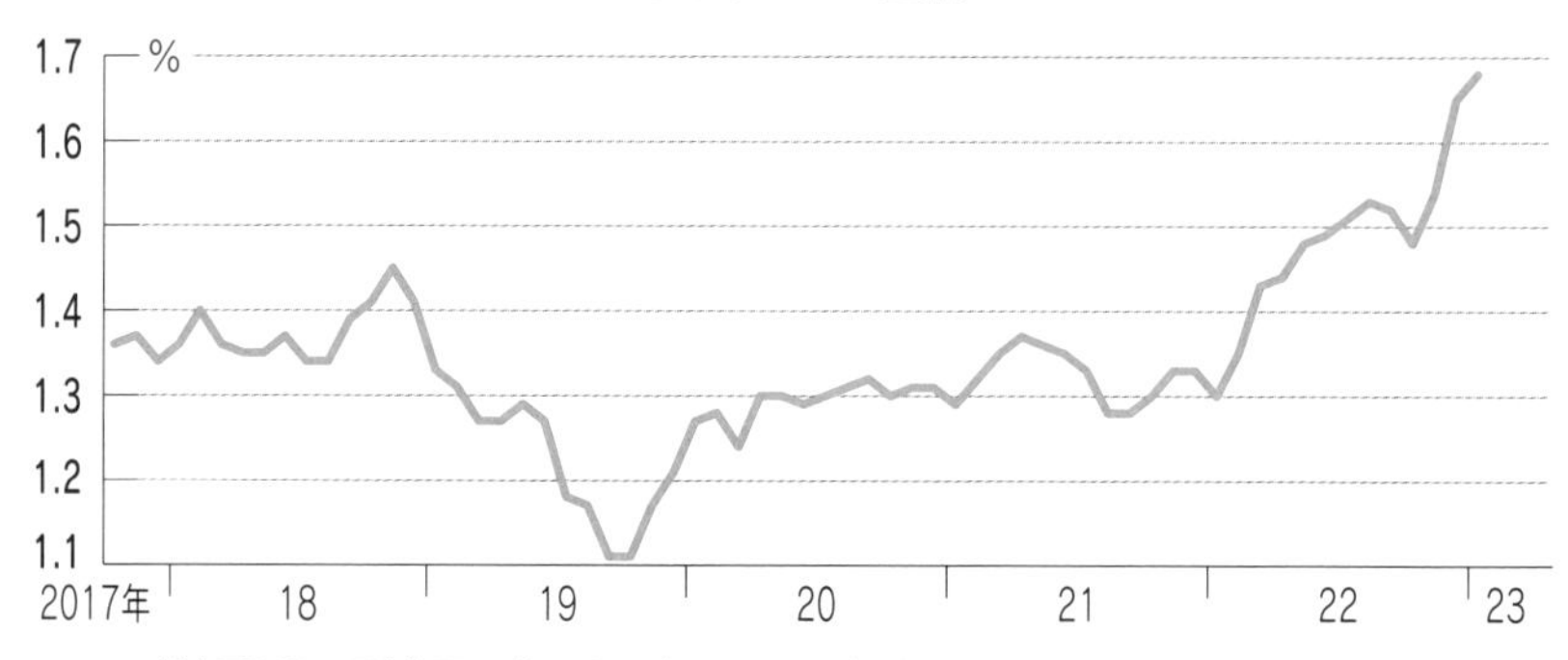

（注）買取型で返済期間21年以上35年以下、融資率9割以下、団信付きの融資金利（最頻値）

上乗せして設定します。２０２２年秋頃から長期金利が上昇傾向となり、ＭＢＳの利率は上昇しました。フラット35の金利も上昇傾向です。ＳＭＢＣ日興証券のチーフ証券化アナリストの宮坂知宏氏は「市場金利が上昇すれば、ＭＢＳも上昇基調が続く」とみています。

住宅ローンの「団信」とは
──返済不能時の残債ゼロに

金融機関で住宅ローンを組むときには、通常、団体信用生命保険（団信）に加入します。万一、ローン契約者が返済途中で亡くなるなどしても、家族に家を残せるようにするためです。最近は商品の選択肢も増えています。

Q　なぜ団信に入るのですか。

A　住宅ローンは返済期間が30年といった長期にわたるのが一般的です。単純にローンを組み、返済の途中で契約者が亡くなると、家族に返済の義務が残ります。大黒柱を失い、多額の住宅ローンが残れば、家族には大きな負担です。不幸で顧客がローンを返済できなくなる事態は金融機関も望みません。団信は双方の心配を減らせます。

Q　どのような仕組みなのでしょうか。

A　団信は金融機関と保険会社が契約します。名前に「団体」と付くのは個人との契約ではないからです。金融機関は保険料を負担し、ローン契約者が死亡や高度障害状態となったらローン残債相当の保険金を受け取ります。住宅ローンの残債はなくなり、契約者の家族は自宅に住み続けられます。

Q　団信は必ず入らなければならないのでしょうか。

A　多くの金融機関は団信への加入を融資の条件としています。通常は金融機関が商品を用意します。ローン契約者に持病や病歴があると通常の団信に入れないことがあります。そのときは「加入条件を緩和した商品を選ぶことなどを検討する」（カーディフ生命保険）ことになります。

Q　商品によって保険料は異なるのですか。

A　団信の基本はローン契約者が死亡・高度障害状態になったときに保険金が出る「一般団信」で保険料は金融機関が払います。保障範囲が広い商品などは住宅ローン金利に0・1～0・3％などを上乗せし、ローン契約者が負担する場合もあります。

Q　一般団信のほかにはどのような商品があるのでしょうか。

A　例えば「がん団信」はローンの契約者ががんと診断されたら、金融機関に保険金が支払われます。脳卒中や急性心筋梗塞も含めた「3大疾病保障」や、糖尿病などの生活習慣

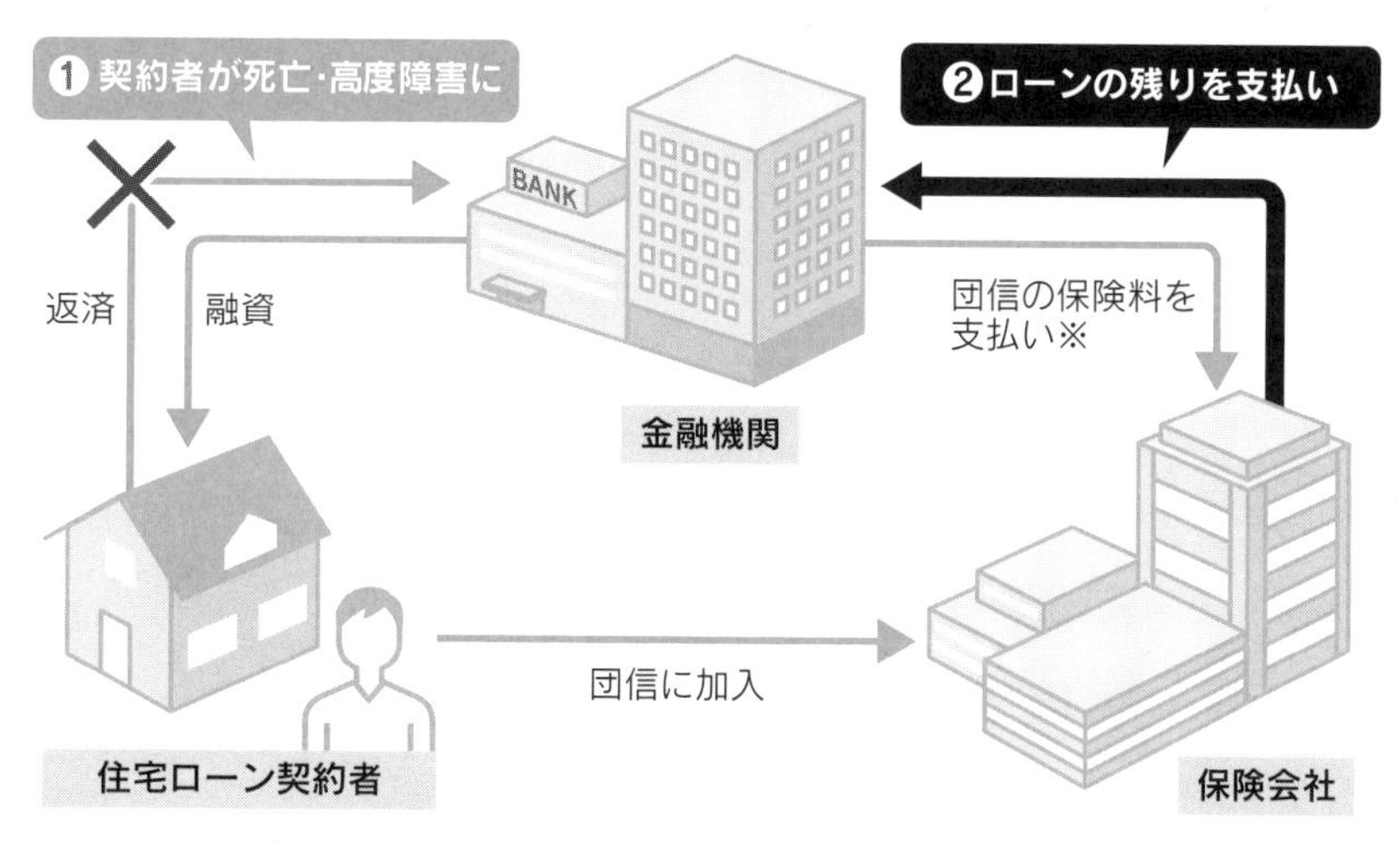

（※住宅ローンの金利上乗せなどで、住宅ローン契約者が負担するケースもある）

病も含む「8大疾病保障」といった商品もあります。失業や自然災害で自宅に住めなくなった場合を条件にする商品もあります。

Q 手厚い保障は魅力的です。

A 団信に加入すれば万一の場合に必要となる住居費が減るため、一般に生命保険で用意する保険金額を減らせるとされます。保障が幅広い場合は、その分、既に加入している医療保険などを見直す余地があるでしょう。住宅ローンの契約は保険を見直すタイミングともいえます。

住宅ローン減税とは
――新築は省エネ対応が必須に

住宅ローンを組んで家を買うと所得税などが減ることがあります。「住宅ローン減税」と呼ばれる制度で、家計への影響は大きくなりがちです。税制改正により、対象となる条件などが変わることがあるので注意が必要です。

Q　住宅ローン減税の仕組みを教えてください。

A　ローンを組んで家を購入すると、年末のローン残高に応じて所得税や住民税が軽減されます。床面積などの条件を満たせば、新築住宅のほか中古やリフォームも対象になります。２０２４年３月現在では新築の場合、入居から最大13年間、年末のローン残高の０・７％を本来の納税額から引きます。対象となるローンの残高には上限があり、それを超えた分は減税対象とはなりません。

Q　条件が変わることがあるのですか。

住宅ローン減税のイメージ

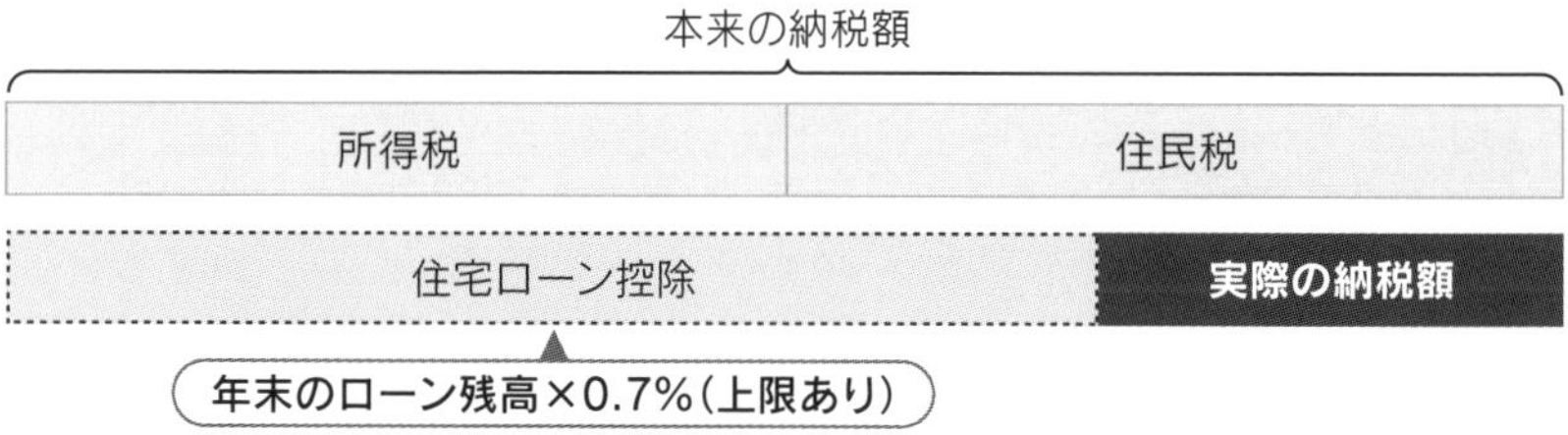

A 対象となる物件の条件や金額などは、税制改正により見直されることがあります。24年からは、新築住宅の減税となる条件が変わりました。23年までは省エネ性能などに応じて、対象となるローン残高の上限が4段階ありました。上限が最も大きいのは「認定長期優良住宅」「認定低炭素住宅」で5000万円、次が「ZEH(ゼロ・エネルギー・ハウス)水準」で4500万円。省エネ基準を満たさない住宅は3000万円でした。24年からは、省エネ基準を満たさない新築住宅は原則、住宅ローン減税の適用対象になりません。

Q **なぜ変更したのですか。**

A 省エネ性能が高い住宅の普及を促すためです。断熱性が高く空調などにエネルギーを効率良く使う設備を使った省エネ住宅が増えれば、二酸化炭素の排出量の削減につながります。

Q **減税の条件はいつの基準で決まるのですか。**

A 減税の条件はその家に住み始めた時点を基準にするのが原則ですが、制度移行時は特例があります。23年中に建築確認を受けた住宅や24年6月末までの竣工なら、省エネ基準を満たさなくても対象になり

住宅ローン減税の対象となる借り入れ上限額（新築住宅の場合）

住宅の種類	2022〜23年入居	24〜25年入居	減税額（13年間）
長期優良住宅・低炭素住宅	5000万円	4500万円	約300万円
ZEH水準の省エネ住宅	4500	3500	290
省エネ基準適合住宅	4000	3000	270
省エネ基準に適合しない住宅	3000	対象外※	0

（注）※移行時の例外あり。上限額は原則。減税額は税理士の柴原一氏の試算。24年入居で住宅ローンの借入額4000万円、金利年1%、返済期間35年、世帯年収700万円などの条件

ます。ただしローンの上限は２０００万円、控除期間は10年と減税の効果は小さくなります。24年以降の条件で住宅ローン減税を利用するときには確定申告の際に省エネ性能を示す書類の提出が必要です。

Q　住宅ローン減税はどのくらい家計に恩恵がありますか。

A　税理士の柴原一氏の試算によると、金利年１％で35年返済のローンを４０００万円組んだ場合、減税額は合計２７０万〜３００万円程度（年収７００万円の専業主婦世帯）だそうです。ただし、減税の条件が変われば、家計への影響も変わります。

第9章 年金がわかる

国民年金の役割と保険料
──死亡・障害時も生活を支援

老後の生活で頼りになるのが年金です。２０２４年度の国民年金の支給額は月６万８０００円（満額で受け取る場合）と決まりました。日本では20歳になると国民年金への加入が義務付けられます。その役割は老後の備えだけではありません。

Q　国民年金とは何ですか。

A　収入が減るなどした人の生活を支える仕組みです。国民年金では主に3つのリスクに対応します。高齢になって所得が少なくなったときには老齢基礎年金、病気やケガで障害を負ったときは障害基礎年金、一家の大黒柱を失ったら遺族基礎年金を支給し、本人や家族の生活を支えます。高齢者向けのイメージが強いですが、若くても障害や死亡のリスクはあり、現役世代にも重要な制度です。

Q　どんな人が加入しているのですか。

国民年金は人生のリスクに対する国の保険

老齢基礎年金

年を取ったとき

給付の条件例

保険料を納めた期間が10年以上など

障害基礎年金

病気やケガで障害が残ったとき

保険料を納めなければならない期間の3分の2以上納付など

遺族基礎年金

一家の大黒柱が亡くなったとき

保険料を納めなければならない期間の3分の2以上納付など（亡くなった人）

保険料を前払いすると割引になる

	合計の保険料	毎月納める場合に比べた割引額
6カ月払い	支払い方法：現金・クレジットカード	
	10万1050円	830円
	口座振替	
	10万720	1160
1年払い	20万140	3620
	19万9490	4270
2年払い	39万8590	1万5290
	39万7290	1万6590

（注）2024年度（2年は25年度含む）の保険料を基に計算。当月の保険料を当月末に引き落とす「早割」もある

A　日本の公的年金制度は2階建てで、国民年金は1階に当たります。会社員や公務員は2階部分の厚生年金にも加入します。給料などから引かれる厚生年金保険料には国民年金の保険料が含まれます。国民年金だけの人は自営業者や農林漁業者、学生や無職の人が多くなっています。原則60歳まで保険料を払い、65歳から老齢基礎年金を受け取ります。

Q　保険料を納めないと年金を受け取れないのですか。

A　支払いを怠ると年金を受け取れない場合があります。給料から保険料が天引きされる厚生年金と違い、自分で払う国民年金は注意が必要です。経済的に払うのが厳しいときは納付の猶予や免除を申請しましょう。万一のときに未納による「不利」が軽減されます。年金制度の持続に疑問を持つ人もいるようですが、国が財政を安定させる措置などを講じているので、受給できないということはありません。

Q　保険料はいくらですか。

A　24年度の毎月の保険料は1万6980円です。国民年金は当月分の保険料を翌月末までに納める後払いが基本です。ただ、まとめて早く払うと安くなる「前納割引制度」があります。期間は2年、1年、6カ月などで口座振替のほか、現金やクレジットカードでも払えます。24年度分のそれぞれの金額は公表されています。2年前納は合計が40万円近くになりますが、口座振替だと1万6000円以上割引になり、ほぼ1カ月分の保険料が節約できます。

Q　前納は負担が重そうです。

A　前納は年金事務所などで手続きをします。金額が大きくなることもあるので、今後の家計や働き方などを踏まえて申し込む必要があります。

厚生年金の保険料
──収入で変化、料率には上限

会社勤めの人が受け取る給与からは、税金と社会保険料が天引きされます。社会保険料の中でも、最も金額が大きいのが厚生年金保険料です。

Q 厚生年金とはなんですか。

A 日本では原則として65歳以上の高齢者や、ケガなどで障害を負って働けなくなった人に、一定額の年金が支給されます。公的年金と呼ばれる仕組みで、国民年金（基礎年金）と厚生年金の2種類があります。国民年金は20歳以上60歳未満の国民全員が加入者となります。一方、厚生年金は会社員や公務員が加入します。

Q 会社員や公務員は2つの公的年金に入るのですね。

A 加入者は通常、厚生年金保険料を給与から天引きされます。給与明細には書かれませんが、保険料には国民年金分も含まれています。国民年金のみの加入者に比べて保険料は

国民年金と厚生年金の違い

	国民年金	厚生年金
加入対象	20～59歳の全国民	主に会社員や公務員
保険料	一律（月約1.7万円）	標準報酬月額の18.3%（労使折半）
年金給付額	加入期間に応じて一律（満額なら月約6.8万円）	加入期間と払った保険料で変わる（基礎年金を含め平均月約14.6万円）
年金を受け取るために加入が必要な期間	10年	1カ月

（注）保険料は国民年金は自営業者など第１号被保険者の場合、会社員や公務員は厚生年金保険料に国民年金分が含まれる

多くなりますが、年金額も増えます。障害を負ったときに受給する障害年金の対象となる条件も、国民年金より広がります。

Q　**給料をもらう人は全員、厚生年金に加入するのですか。**

A　従業員１０１人以上の企業に勤めている場合は原則として、労働時間が週20時間以上で、残業代などを除きあらかじめ決められた所定内賃金が月に８万８０００円以上あると厚生年金への加入義務が生じます。正社員はもちろん、パートやアルバイトでも基準に当てはまると厚生年金に加入し、保険料を支払う必要があります。従業員１００人以下の企業なら週30時間以上の勤務が対象です。

Q　**保険料はいくらですか。**

A　厚生年金の保険料は収入によって変わります。具体的には標準報酬月額の18・３％です。標準報酬月額は給料などを32段階の区切りのよい金額にまとめたものです。たとえば

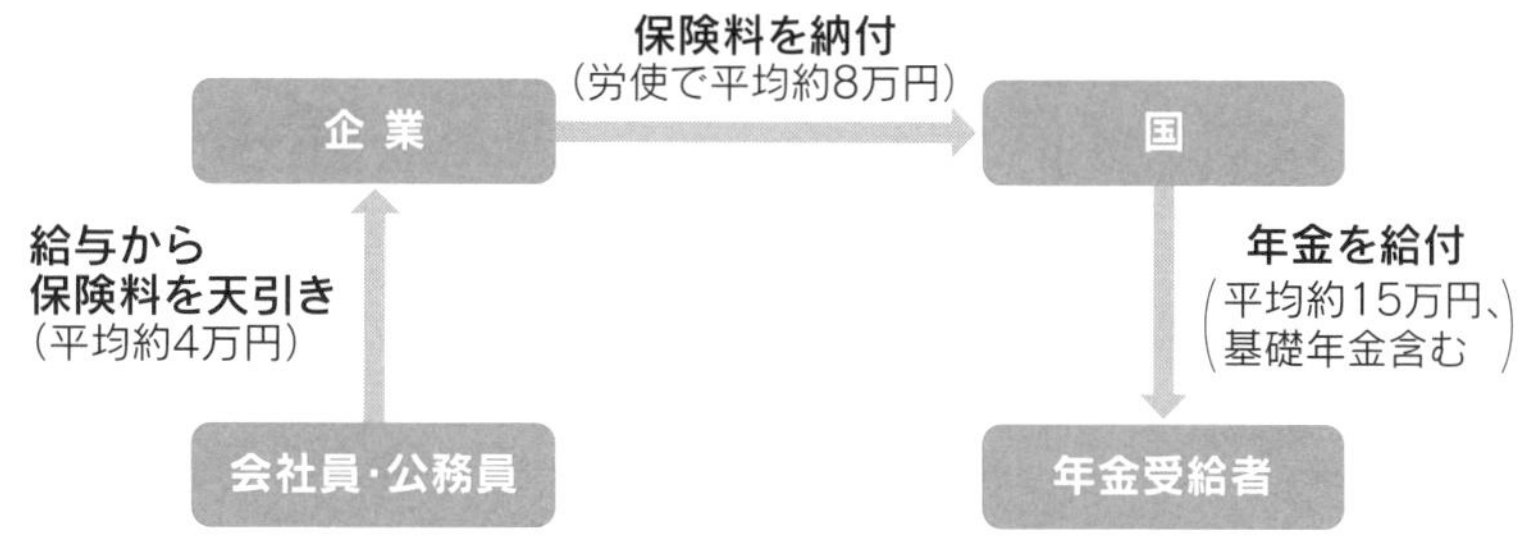

29万円以上31万円未満なら標準報酬月額は30万円になり、保険料は月5万5000円弱です。通常、4～6月の3カ月間の平均で標準報酬月額を算出し、9月から1年間の保険料が決まります。

Q かなり多い印象です。

A 保険料は従業員本人と企業が半分ずつ負担（労使折半）します。そのため給与から天引きされるのは標準報酬月額の9・15％分です。会社負担分の9・15％と合わせた18・3％を会社が国に納めています。

Q 保険料が増えると「払い損」になりませんか。

A 厚生年金の受給額は、支払った保険料の総額に応じて決まります。上限はありますが収入が多く、保険料を支払った期間が長いほど年金の受給額も増える仕組みです。ただし、国民全員が受給する国民年金は保険料を支払った期間が同じなら受給額も同じです。そのため厚生年金と国民年金の合計の受給額でみると、現役時の収入の差ほど受給する年金額に差はつきません。

厚生年金の保険料率（労使合計）

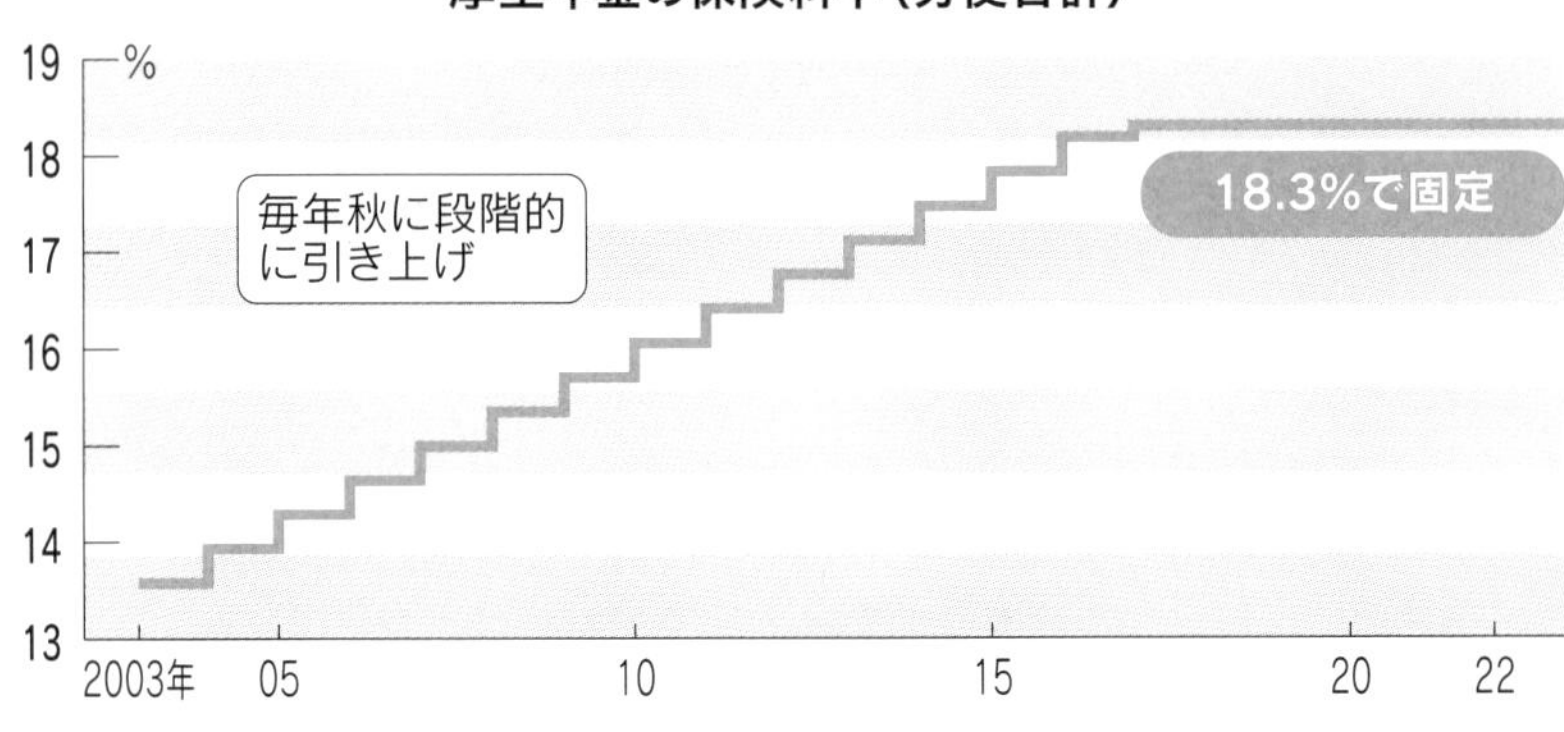

Q　昔に比べ保険料が上がったと聞いたことがあります。

A　2003年9月の時点で保険料率は13・58%でしたが、その後、毎年秋に段階的に引き上げられました。日本の年金制度の基本は賦課方式と呼ばれ、現役世代が支払った保険料をいま年金を受給している世代の給付に充てる仕組みです。高齢化で年金受給者が増え、国全体の給付額が膨らむのに合わせて保険料収入を増やしたためです。ただ、料率は17年9月以来18・3%で変わっていません。

Q　なぜですか。

A　現役世代の負担が重くなりすぎないよう、上限を設定したためです。少子高齢化が年金財政に逆風であることは否定できないでしょう。しかし、年金の原資には国庫からの支出や過去の保険料収入なども使われます。昔に比べ働く女性や高齢者が増えるなど保険料を支払う人も広がっています。少なくとも現時点では将来の給付がゼロになるといった過度の心配をする必要はなさそうです。

年金のマクロ経済スライド
――制度持続へ支給額抑える

例年、1月には公的年金(国民年金、厚生年金)の改定額が公表されます。2024年度の支給額は大きく増えました。ただし23年の物価上昇に比べると伸び率は下回り、「実質減額」になりました。年金の増額を抑えるマクロ経済スライドという仕組みがあるためです。

Q 年金の支給額はどのように決まるのですか。

A 公的年金の支給額を決める要素は様々です。基本となるのがその人が保険料を納めた期間です。原則として長い期間払うと支給額は増えます。そのうえで毎年、物価や賃金の動向を反映します。物価や賃金が上がれば上昇し、下がれば減ります。年金の実質的な価値を維持し、生活への悪影響を防ぐ目的です。

Q 物価に連動するのは合理的ですね。

A ただし物価や賃金の上昇に対し、年金の増加率が下回ることがあります。マクロ経済

年金の給付と保険料収入のバランス（イメージ）

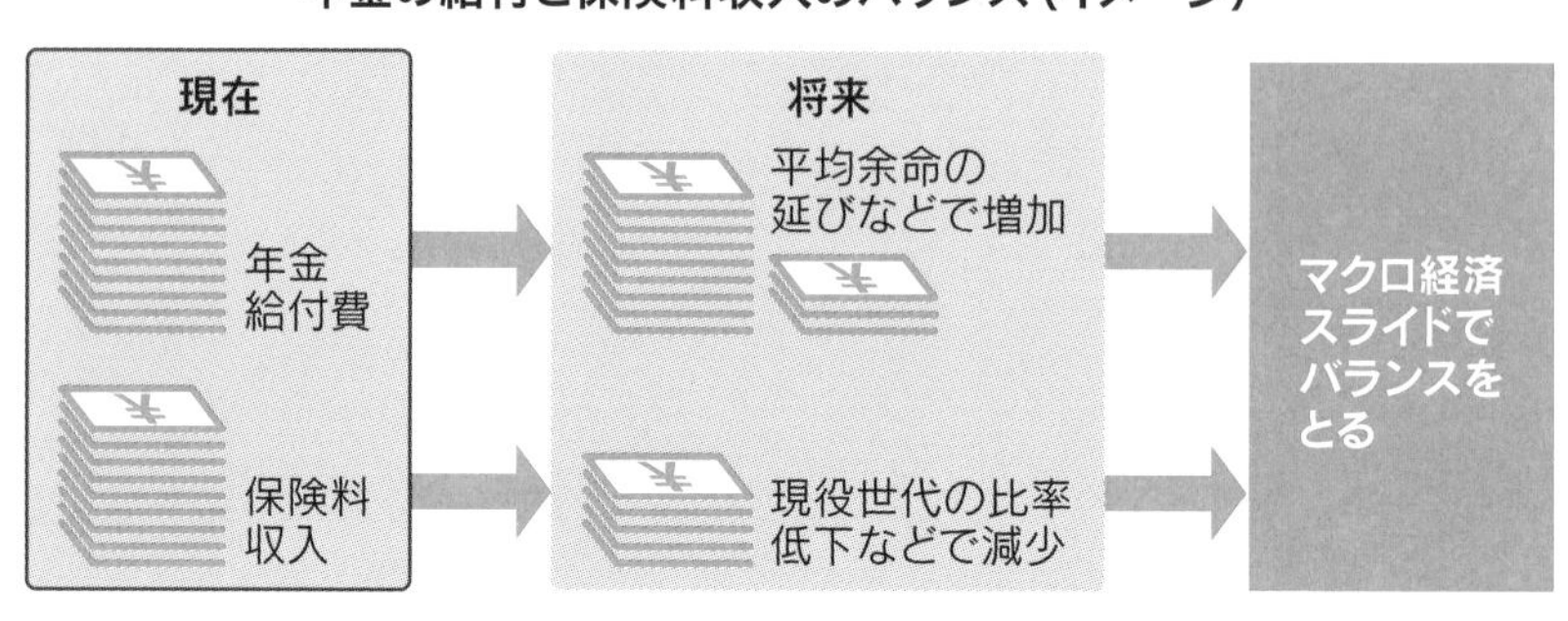

スライドと呼ばれるルールで、年金が増える局面で伸び率を抑えます。24年度の改定で支給額は増えましたが、伸び率は23年の物価上昇率を下回り、実質的には減額です。

Q　なぜ伸び率を抑えるのですか。

A　少子高齢化が進んでいるためです。日本の公的年金は現役世代の保険料を高齢者世帯の給付に充てる「仕送り方式」です。少子高齢化が進むと、保険料を払う現役世代が減る一方で、年金を受け取る高齢者が増えます。寿命が延びれば支給する年金の総額はさらに増えます。

Q　収支のバランスが悪くなりますね。

A　現役世代の保険料を上げるにしても限界があります。そこで現役世代の保険料の水準に上限を設定し、人口などを基に将来の保険料収入を計算。その金額を踏まえて年金の支給額を決めることにしました。年金が増える局面で支給額を少し抑え、収支のバランスが大きく崩れるのを防ぎ、制度を持続する狙いです。

マクロ経済スライドの概要

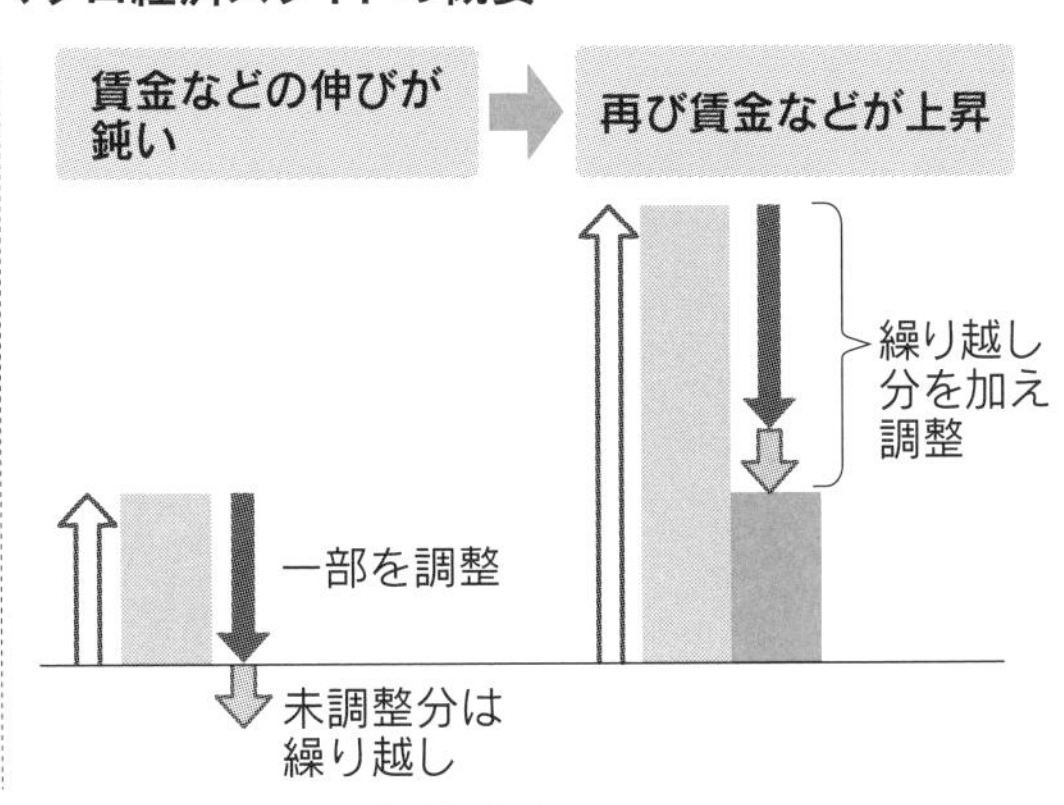

(注)厚生労働省の資料などを基に作成

Q 具体的にはどのような仕組みなのですか。

A 物価や賃金の伸びを反映した本来の年金の伸び率から、マクロ経済スライドの「調整率」を差し引き、年金の改定率とします。調整率の手掛かりとなるのは保険料を納める現役世代の人数と平均余命の変化です。いわゆるマクロ経済の指標に基づくものではありませんが、マクロでみた変動に応じた仕組みといえます。例えば20年度は物価や賃金に基づく本来の改定率はプラス0・3%でしたが、調整率を引いた結果0・2%増となりました。

Q 以前は年金が増えなかったと聞きました。

A 21～22年度は物価などを基に決まる伸び率がマイナスとなったためです。マクロ経済スライドの発動には、調整率を引いた後の年金額が前年度の水準を下回らないといったルールがあります。物価などを基にした伸び率がマイナスのときには発動しません。マクロ経済スライドは04年度に導入されましたが、過去に発動された回数は限られます。

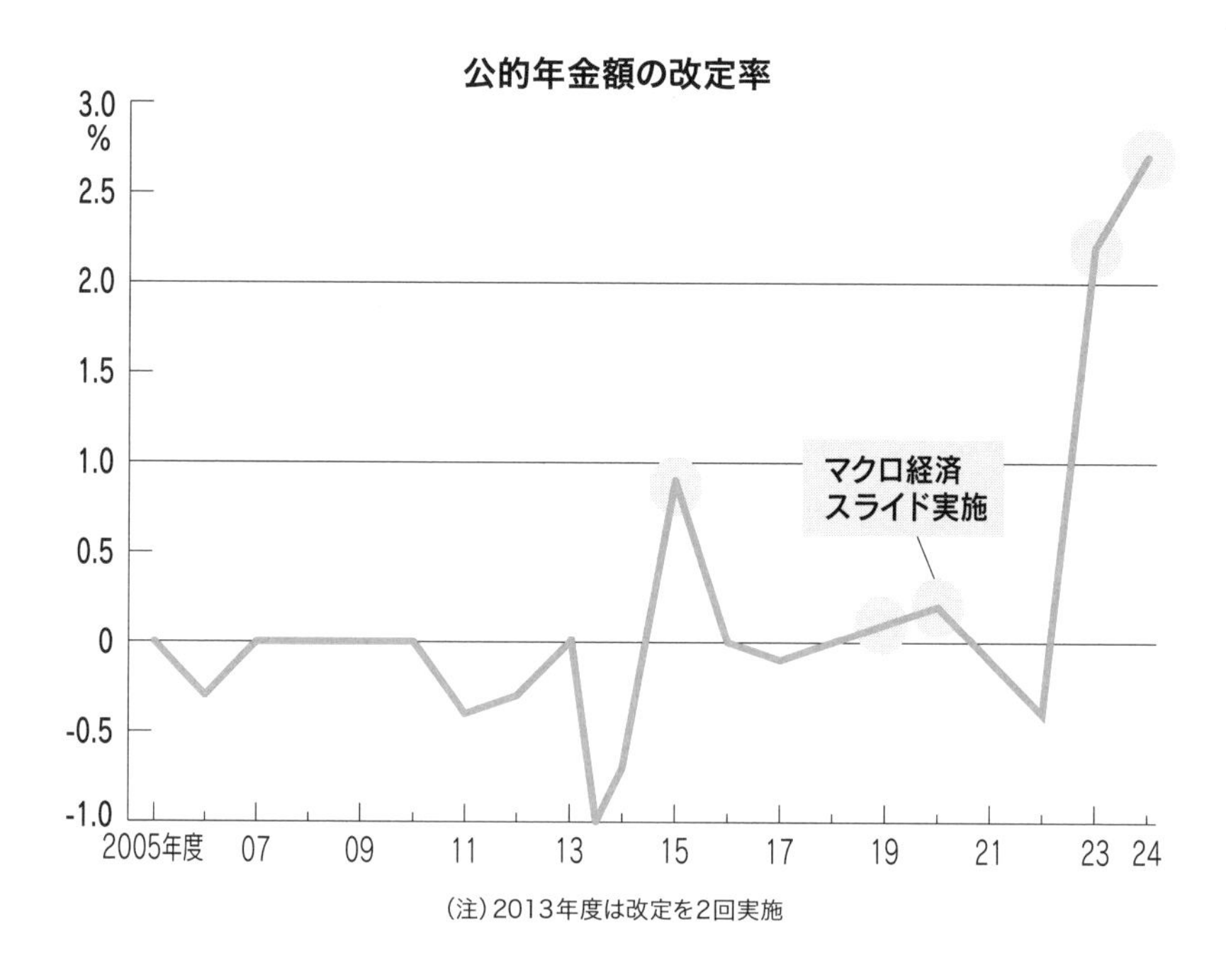

（注）2013年度は改定を2回実施

Q　本来の目的が達成できないのでは。

A　18年度からは調整率を引ききれなかった場合に、その分を翌年度以降に繰り越して反映する仕組みを導入しました。本来の年金額の伸び率が低いときには部分的に発動します。調整率のうち差し引ける分を反映し、残りは次年度に繰り越します。

Q　24年度の年金はどのくらい増えるのですか。

A　21年度と22年度はマクロ経済スライドを発動しなかったため、23年度は3年分を合わせて差し引きました。24年度は本来の改定率は3・1％増でしたが、マクロ経済スライドの調整により2・7％増となりました。

確定拠出年金の仕組み――自分で運用、受給額が変化

老後の生活の頼りになるのが年金です。年金の制度にはいくつかの種類があり、働き方などによって加入する制度が異なります。中でも対象者が増えているのが確定拠出年金です。

Q 確定拠出年金とはどのような制度ですか。

A 日本の年金制度は3階建てといわれます。1階は国民年金（基礎年金）で誰もが加入します。2階は会社員などが入る厚生年金。1～2階が公的年金と呼ばれます。3階は任意の年金で、確定拠出年金は3階に該当します。自ら掛け金を運用し、運用の結果により年金額が変わるのが特徴です。3階部分には現役のときに給付額が決まる確定給付年金という仕組みもあります。

Q 運用から受け取りまでの流れを教えてください。

A 企業が従業員向けに用意する「企業型」の確定拠出年金で説明しましょう。企業は従

日本の年金制度は3階建て

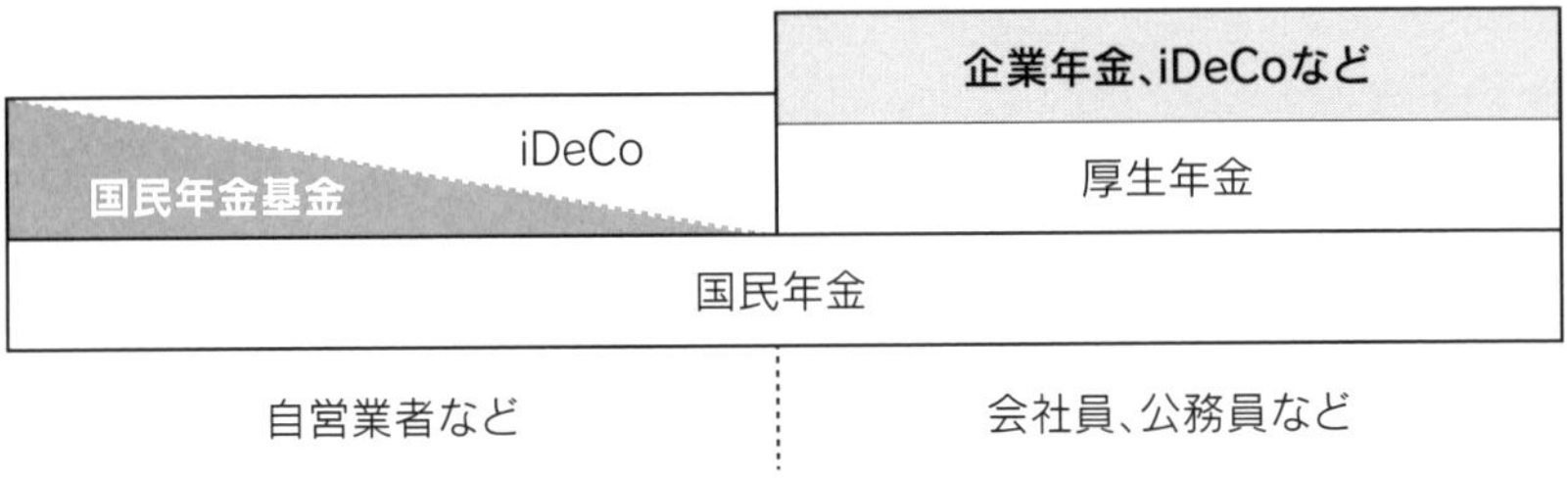

自営業者など	会社員、公務員など
国民年金基金 / iDeCo	企業年金、iDeCoなど
	厚生年金
国民年金	国民年金

業員ごとに毎月、決められた額の掛け金（年金資産の原資）を出します。名前のとおり、掛け金の「拠出」額が「確定」しています。従業員は自身の判断で掛け金を投資信託や定期預金などで運用します。運用した結果に応じて、将来受け取る年金額が変わります。受給は原則60歳以降で、それまでは年金資産を引き出すことができません。受給開始の時期は遅らせることもできます。

Q　会社員でない人の場合は。

A　iDeCo（イデコ）と呼ばれる「個人型」の制度があります。自営業者や主婦などを含めた幅広い人が加入できます。基本的な仕組みは企業型と同じですが、自ら金融機関に口座を開設し、掛け金を拠出する点などが異なります。確定拠出年金は働き方やほかに加入する年金制度などにより掛け金の上限が異なり、その範囲内で掛け金を決めます。

Q　運用で損をして将来の年金が減らないか、心配です。

A　投資信託などの運用は元本割れとなる可能性があります。ただ、定期預金など元本を守る運用では利回りに限界があります。特に若

確定拠出年金の基本的な流れ

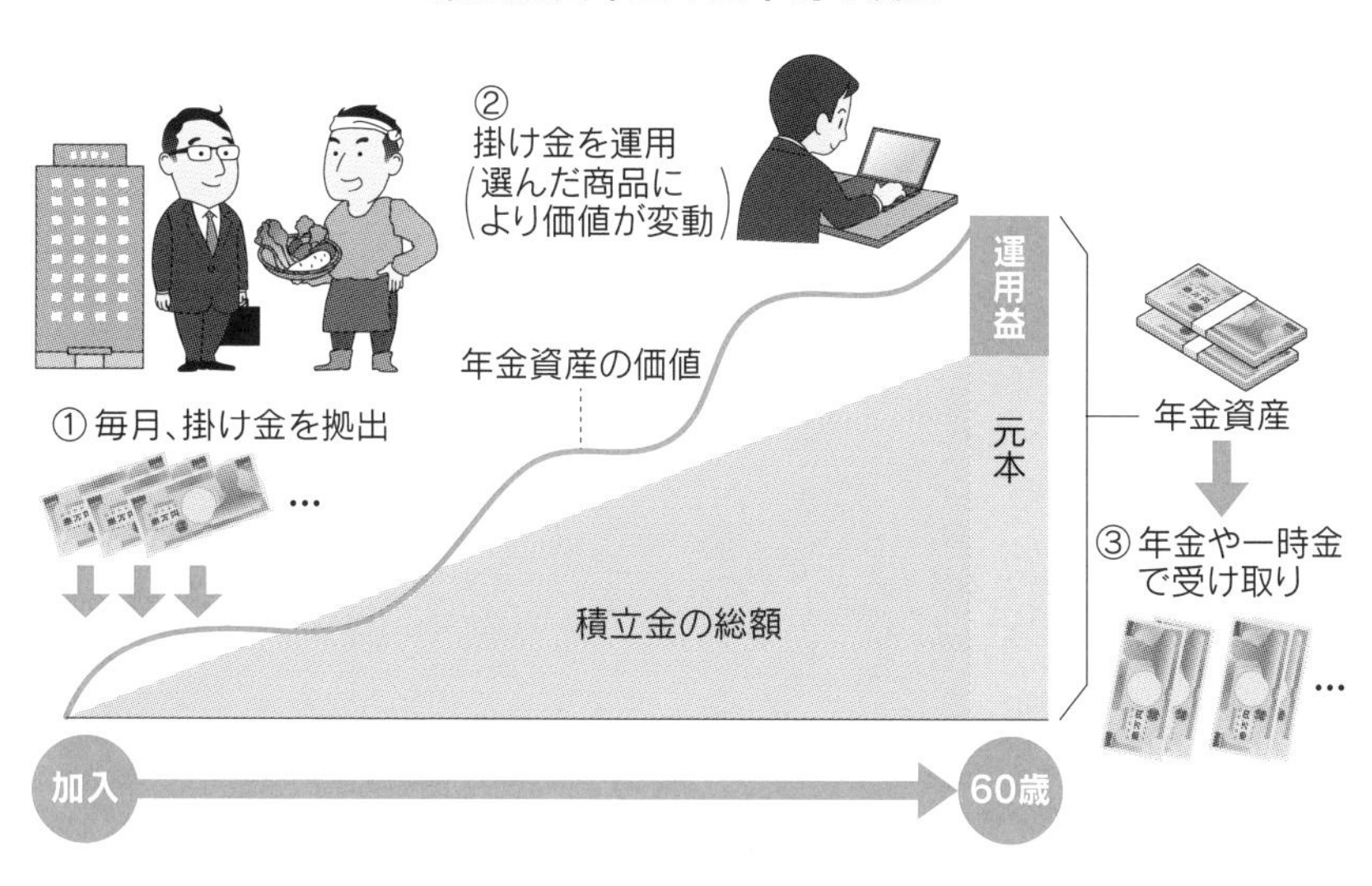

い間は資産の一定割合を値動きのある資産に振り向けるべきだとする専門家が多いです。運用する期間が長ければ、仮に相場が大きく下げても、回復するのを待てるからです。長期投資の入り口として、株や債券などに分散して投資するバランス型の投資信託を勧める専門家もいます。

Q 老後に備えて自分で運用をしても同じではないですか。

A 確定拠出年金には税制面で優遇があります。通常の証券口座で株や投資信託などに投資して利益が出ると、約2割の税がかかります。確定拠出年金では運用中の利益に課税されません。自ら出した掛け金についても税の控除があります。

イデコの税優遇
――掛け金・運用・受給の3段階

老後の家計を支える年金には様々な種類があります。中でも加入者が増えているのが個人型確定拠出年金（iDeCo、イデコ）です。資産形成の手段の一つとして税制優遇の大きさが魅力です。

Q　イデコとは、どのような制度ですか。

A　日本の年金制度は3階建てといわれます。1階は20歳以上60歳未満の人が加入する国民年金（基礎年金）、2階は会社員や公務員などが加入する厚生年金です。いずれも公的年金と呼ばれます。イデコは3階部分に当たる私的年金の一種です。公的年金に上乗せして老後資金をつくるための制度で、20歳以上65歳未満のほとんどの人が利用できます。加入は任意です。

Q　仕組みを教えてください。

A　自分で毎月一定額の掛け金を拠出し、専用の口座で運用。60歳以降に受け取ります。

イデコの基本的な流れ

イデコに加入	20〜64歳の自営業者や会社員など

毎月掛け金を拠出	金額は自分で決められる(上限あり)

掛け金を運用	投資信託、定期預金、保険から選択

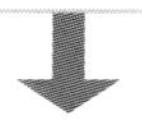

受給を開始	原則60歳以降、受け取り方に選択肢

掛け金を運用する商品は投資信託と定期預金、保険です。口座を開設する金融機関や毎月の掛け金の額、運用する具体的な商品は加入者が選べます。月々の掛け金は1000円単位で最低5000円です。上限額は働き方や勤め先により異なります。老後に受け取る額は運用の結果により変わります。

Q 掛け金の上限はいくらくらいですか。

A 最も金額が大きいのは自営業者などで月6万8000円です。会社員の場合は勤め先の年金制度により変わります。例えば企業年金がない場合は月2万3000円ですが、将来決まった金額を受け取れる確定給付企業年金のある会社に勤めていると月1万2000円に下がります。公務員も月1万2000円で、専業主婦(夫)は月2万3000円です。

イデコの税制優遇は3段階

タイミング	内容	具体例など
掛け金の拠出時	掛け金に応じて所得税・住民税の負担減（所得控除）	会社員が年27.6万円を拠出すると所得税が5.52万円減る（所得税率20%の場合）
運用中	利益が発生しても税がかからない	転職でいったん売却したとき、運用資産を入れ替えたときなど
受給時	退職金や年金として扱われ、所得税・住民税を軽減	一時金で受け取ると退職所得控除、年金形式で受け取ると公的年金等控除の対象

Q　イデコは税の優遇が魅力と聞きました。

A　一般的な積み立て投資との最大の違いは税の優遇です。掛け金を拠出するとき、運用中、受給するときの3段階で恩恵があります。まず掛け金を拠出すると、その全額が所得税や住民税の課税対象となる所得から引かれます。課税所得が減る分、税の負担が軽くなります。例えば企業年金がない会社に勤める人が掛け金を上限の年27万6000円拠出したとします。その人の所得税率が20％なら所得税は5万5200円減る計算です。

Q　掛け金に応じて所得税が減るのですね。

A　運用中に発生した利益も非課税です。株式などの金融商品の運用で得られる利益には通常、約20％の税金がかかります。しかし、イデコでは転職に伴っていったん売却する場合や、保有する資産の一部を売って別の資産を購入し直す場合の利益に課税されません。税を引かれない分、利益が利益を生む複利効果が大きくなり、資産を効率的に増やせます。

掛け金の上限は条件により異なる

職業など	自営業者	会社員		公務員	専業主婦(夫)
		勤め先に企業年金なし	勤め先に企業年金あり		
上限額(月額)	6.8万円	2.3万円	1.2万～2万円	1.2万円	2.3万円

(注)加入する年金制度により変わることがある

Q　**受給時の優遇は。**

A　イデコは原則として60歳まで資産を引き出せず、60～75歳の間に受給を始めます。受け取り方は①一括(一時金)②年金形式③一時金と年金形式の併用──の3種類から選べます。受け取るお金はすべて課税対象の所得です。ただし、一時金で受け取る分には退職所得控除、年金形式の分は公的年金等控除が適用されます。一定額までは税がからないなど、所得税が軽減されます。

Q　**税優遇は魅力的ですが、運用で損を出すのが心配です。**

A　定期預金や保険商品で運用をすれば元本割れになることは基本的にありません。ただ、物価の上昇が続くと実質的な資産価値が減る可能性があります。確定拠出年金アナリストの大江加代氏は「節税効果をフルに生かすなら株式型投信など長期的に値上がりが期待できる商品で運用した方がいい」と助言します。運用益に対する節税効果が大きくなりやすいためです。値動きがある資産は元本割れのリスクもありますが、長期の積み立て投資なら大きな損をする可能性を減らせます。

第10章

相続がわかる

身内に不幸、すべきことは
──医療・年金、手続きは14日めど

自身が亡くなったときに備える「終活」をする人が増えています。一方で高齢の家族がいても、亡くなったときに備えている人は少ないでしょう。実際に家族が亡くなると、葬儀や埋葬のほかにも速やかにしなければならない手続きが多くあります。

Q　家族が亡くなったとき、最初に必要な手続きは何ですか。

A　まずは死亡診断書を取得します。死亡診断書は人が亡くなったことを法的に証明する書類です。右半分が死亡の日時や原因が記入された死亡診断書、左半分が死亡届になっています。最近は約7割の人が病院で亡くなります。その場合は右半分を担当の医師が記入します。左半分を家族らが記入し、市区町村に提出します。コピーを取ると後で便利です。

Q　葬儀の準備などで忙しい中、役所の窓口に行くのですか。

A　葬儀会社の人が代わりに行くことが多いようです。併せて火葬許可証を申請し取得す

死後の主な手続きとスケジュール

死亡直後 当日～

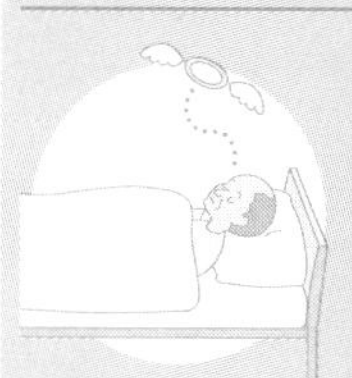

- 死亡診断書を受け取る
- 葬儀社を決める
- 死亡届を提出
- 火葬許可証の取得

通夜・告別式・火葬 ～7日程度

- 火葬許可証を提出
- 埋葬許可証を取得

生活関連の手続き ～14日程度

- 年金、医療、介護保険の届け出
- 医療費などの精算
- 世帯主変更届の提出
- 各種契約の解約

納骨や相続 ～数カ月

- 墓地などに埋葬許可証を提出
- 財産の調査や分割

るのが一般的です。死亡届は死亡を知った日から7日以内が提出期限ですが、葬儀の直後に火葬するためには速やかに提出して火葬許可証を取得する必要があります。火葬許可証は火葬場に提出し、火葬後に埋葬許可証を受け取ります。

Q ほかに葬儀の前後にすべき手続きはありますか。

A 葬儀の費用や亡くなった病院での費用を精算しなくてはなりません。支払いに故人の死亡保険金を充てるなら、早めに契約している生命保険会社に連絡しましょう。保険金の請求には死亡診断書のコピーなどが必要です。

Q その後は何をしたらよいでしょうか。

A 市区町村の窓口でする手続きがいくつかあります。期限は死亡後14日以内のものが多く、チェックリストを用意している役所もあります。

例えば国民健康保険や後期高齢者医療制度などの公的医療保険では保険証（被保険者証）を返却したり資格喪失届を出したりします。これらの制度では被保険者が死亡すると「葬祭費」が支給されます。申請には葬儀の領収書や会葬礼状などが必要です。

Q　他に重要なものは。

A　介護保険についても14日以内に保険証などを返却し資格喪失届を提出します。介護保険や後期高齢者医療制度には住所地特例があり「施設などに入居し住所を変更した場合は、以前の住所地で手続きをする必要がある」と行政書士の汲田健さんは話します。また、世帯主が亡くなった場合は世帯主変更届の提出が必要なことがあります。

Q　手続きを怠るとどうなるのでしょうか。

A　国民年金や厚生年金は手続きが遅れると死亡後も年金が支払われ、後日返還が必要な場合があります。国民年金は14日以内、厚生年金は10日以内に市区町村や年金事務所で「年金受給権者死亡届」を提出します（省略できることもあります）。年金は該当する月に対して後払いとなるため、亡くなった時点で未支給分があります。故人と生計を同じくしていた家族はこの未支給分を請求できます。同居していなくても生計同一関係に関する申立書を提出すれば受給できます。

窓口や内容の例

名称やサービス（窓口）	手続き内容（死亡日からの期限）
国民健康保険や後期高齢者医療制度（市区町村）	■資格喪失届の提出（14日以内） ■保険証の返却 ■葬祭費の支給申請
介護保険（市区町村）	■資格喪失届の提出（14日以内） ■保険証の返却
年金（市区町村や年金事務所など）	■年金受給権者死亡届の提出（厚生年金は10日以内、国民年金は14日以内） ■未支給年金の請求
電気・ガス・水道・電話など公共料金関連（契約する事業者など）	■解約や名義変更など
生命保険（契約する保険会社）	■死亡保険金の請求

（注）スケジュールは目安。人によっては不要なものもある

Q 役所以外でする手続きには何がありますか。

A 故人が契約していたサービスを解約・変更しましょう。電気やガス、水道、電話などは事業者に連絡して停止するなどします。賃貸住宅の家賃など「費用がかさむものを優先して手続きしたい」と汲田さんは言います。

Q 数週間は対応に追われそうです。

A 四十九日の法要が一つの区切りになるでしょう。納骨をすることが多く、その際に火葬場で受け取った埋葬許可証を墓地などに提出します。ただ、ここまでは「前半戦」ともいえます。後半戦は相続です。まずは遺言の有無を確認し、預貯金や不動産など故人の財産を調べます。これらも煩雑な作業です。

相続で必要になる手続き
──戸籍・財産調べ、速やかに

家族を亡くすと誰もが相続に直面します。相続では亡くなった人の財産を特定の人で分けて、引き継ぎます。財産の多い少ないに関係なく、一定の期間に手続きをする必要があります。その煩雑さに戸惑う人も少なくありません。

Q　相続で最初にすべき手続きは何ですか。

A　多くの場合は戸籍集めです。財産の分け方を決めるには、その対象者（相続人）が誰かを確認する必要があります。行政書士の汲田健さんは「亡くなった人の出生から死亡までの戸籍謄本と子ら相続人全員の戸籍謄本が必要」と話します。亡くなった人の戸籍を取得すれば、誰が相続人かが分かります。また、相続人の戸籍を取得すれば生存が確認できます。

Q　なぜ出生から死亡までの戸籍が必要なのですか。

相続人の主な手続きとスケジュールの目安

戸籍集め 早めに着手

- 亡くなった人（被相続人）の出生から死亡までの戸籍謄本を取得
- 相続人全員の戸籍謄本を取得する

財産調べ できれば3カ月以内

- 金融資産や不動産などを調べる
- 借金など負債も調べる
- 財産目録を作る

遺産分割の手続き

- 相続人全員で遺産分割協議書を作る
- 財産の解約や名義変更をする

相続税の申告・納付 10カ月以内

- 相続税額を計算する
- 申告・納税をする

（注）遺言がない場合。順序などは変わることがある

A　戸籍は法改正や婚姻などによって新しく作られます。その際に、すべての情報が引き継がれるとは限らないためです。役所で出生から死亡までの戸籍を入手します。亡くなった人の兄弟姉妹が相続人のときは、両親の出生から死亡までの戸籍も必要です。汲田さんは「全部で数十通を取得する人もいる」と言います。

Q　**次は何ですか。**

A　亡くなった人の財産を調べます。一般には預貯金や株式といった金融資産や不動産がメーンです。亡くなった人がエンディングノートなどにまとめていればすぐに分かりますが、そうでないと確認するのは大変です。最近ではインターネットで取引する銀行や証券会社の口座を持つ人が増えています。通帳や郵便物など分かりやすい手

手続きでよく使う書類

名 称	取得先、利用方法など
戸籍謄本	■相続人の人数、生存を確定する ■市区町村に申請
住民票	■本籍地と現住所を結び付け、届け出人と相続人を一致させる ■相続人の住所がある市区町村に申請
印鑑登録証明書	■書類に実印を使ったことを確認する
遺産分割協議書	■遺産分割協議で全員が合意に至ったことを証明する ■相続人が作成し、全員が署名·押印。1通ずつ所持
本人確認書類	■届け出人の証明 ■複数の提出が必要なことも

（注）本人確認書類は運転免許証やマイナンバーカード、健康保険証など

掛かりがない場合もあるので注意が必要です。

Q　**時間がかかりそうです。**

A　財産調べは「3カ月以内にしたい」と司法書士の勝猛一さんは話します。多額の借金や不要な不動産が見つかった場合、相続人は相続を放棄する選択肢があります。しかし、それには相続開始を知ったときから3カ月の間に手続きをする必要があるためです。判明した財産は目録や一覧表などにしておくと、その後の手続きで役立ちます。

Q　**財産はどのように分けるのですか。**

A　相続人が全員で話し合い、どの財産を誰が引き継ぐか決めます。これを遺産分割協議といいます。話し合いがまとまったら、遺産分割協議書を作り全員で署名・押印します。円滑に進めるには「納骨や四十九日の法要など関係者が集まる機会に事前に相談しておくとよい」と勝さんは助言し

ます。

Q **財産を引き継ぐにはどのような手続きが必要ですか。**

A 自宅や土地などの不動産は受け継ぐ人の名義に変更します。不動産を管轄する法務局に戸籍謄本や相続人の住民票の写しと一緒に登記申請書を提出します。銀行の預貯金などは相続の発生を知らせると入出金ができなくなります。戸籍謄本などの書類をそろえて解約の手続きをすれば、亡くなった人の口座から残額を引き出したり、引き継ぐ人の口座に移したりできるようになります。株式は売却する場合でも、いったん引き継ぐ人の証券口座に移します。同じ証券会社に口座がなければ新たに開設しなければなりません。

Q **相続で税がかかることがあると聞きます。**

A 遺産の総額が一定以上の場合は相続税を納めます。その場合は申告書を作り、亡くなった人の住所地を管轄する税務署にたくさんの必要書類と一緒に提出し、納税します。相続税には様々な特例があります。特例を利用した結果、税金がゼロになる場合は申告書を提出しなければなりません。難しければ税理士に頼むのも選択肢です。納税までの期限は相続開始を知った日の翌日から10カ月以内で、意外と時間はありません。

相続財産を受け取る人
——離婚・養子縁組の子も権利

誰かが亡くなると、その人の財産を引き継ぐ、相続が発生します。通常、財産を受け取る相続人には家族が含まれます。その範囲や分け方についても法律にも決まりがあります。

Q　財産を相続できるのは、どんな人ですか。

A　亡くなった人が遺言書を残しているか否かで変わります。まずは遺言書がない場合からみていきましょう。遺言書がない場合は民法の規定に沿って相続をする人が決まります。対象となる人は法定相続人と呼ばれ、亡くなった人の家族構成により決まります。配偶者がいる場合、配偶者は必ず対象になります。さらにもう一組が配偶者と財産を分けるのが基本です。配偶者は法律上の婚姻関係にある人で、内縁の人は対象外です。

Q　もう一組はどのように決めるのですか。

A　民法で順位が決まっています。第1順位は子どもです。亡くなった人に子どもがいれば配偶者と子どもで財産を分けます。子どもがいない場合は、配偶者と第2順位の親で相続します。親がいない場合は配偶者と第3順位の兄弟姉妹で財産を分けます。

Q 相続人が先に亡くなっていた場合は。

A 子どもが亡くなっていた場合は、孫が代わりに相続人となります。これを代襲相続といいます。兄弟姉妹が亡くなっていた場合はおい・めいが代襲相続をします。第3順位までで配偶者だけ、兄弟だけといった場合はその対象者のみで相続します。

Q 亡くなった人に離婚歴がある場合はどうなりますか。

A 法律では元の配偶者に相続権はありません。一方で元の配偶者との間に子どもがいた場合は現在の配偶者との子と同じ相続権があります。養子縁組した子もそうです。亡くなった人が認知していれば、婚外子も同じ相続分があります。

Q 財産はどのように分けるのですか。

A 遺言書がない場合は相続人全員で相談をして決めます。この話し合いを遺産分割協議といい、誰がどの財産を引き継ぐかを記した書類を作り、全員で署名・押印をします。相続人全員が納得すれば、財産の分け方は自由です。

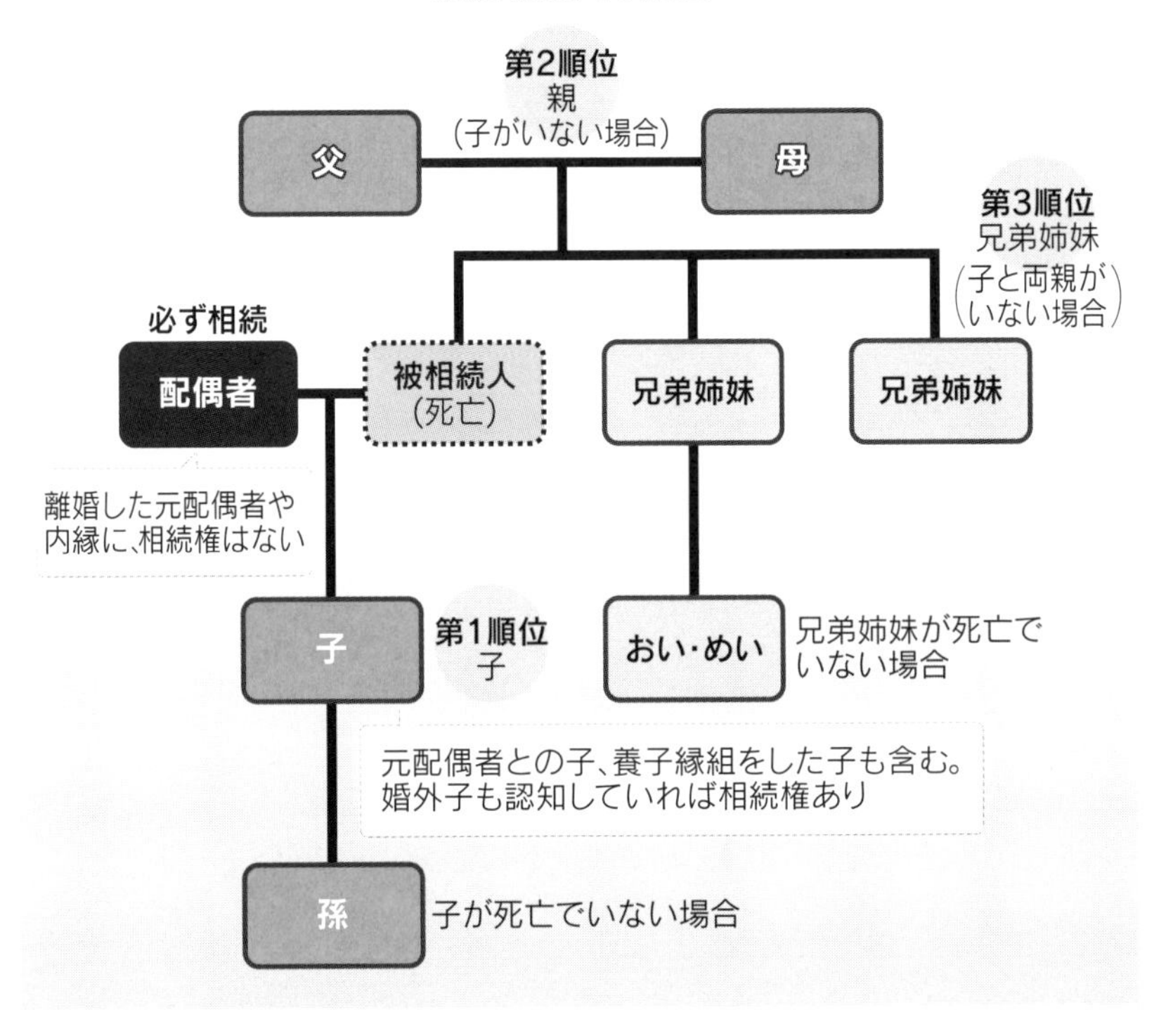

Q　財産の分け方でもめることがあると聞きます。

A　相続人の話し合いがまとまらない場合は、最終的に家庭裁判所による調停・審判で分け方を決めることになります。審判による場合は、民法で定められた法定相続分が基準になります。

Q　法定相続分とは。

A　相続人の組み合わせにより決まった割合です。例えば相続人が配偶者と子どもの場合は2分の1を配偶者が受け取り、残りを子どもの人数で割ります。子どもが2人なら4分の1ずつです。配偶者と親の場合は配偶者が3分の2、配偶者と兄弟姉妹の場合は配偶者

法定相続の割合

相続人のケース	配偶者(必ず相続)	第1順位:子	第2順位:親	第3順位:兄弟姉妹
配偶者のみ	1	―	―	―
配偶者と子	1/2	1/2	―	―
配偶者と親	2/3	―	1/3	―
配偶者と兄弟姉妹	3/4	―	―	1/4
子のみ	―	1	―	―
親のみ	―	―	1	―
兄弟姉妹のみ	―	―	―	1

は4分の3で、残りをそれぞれ兄弟姉妹が分けます。「遺産分割協議でも法定相続分が目安になりやすい」と鳥飼総合法律事務所の竹内亮弁護士は話します。

Q 遺言書がある場合はどうなりますか。

A 正しい様式の遺言書があればその内容が尊重されます。誰に、どの財産を、どれだけ渡すかは基本的に故人の意向が反映されます。世話になった人や公的な団体に渡すといったことも可能です。ただし、兄弟姉妹を除く法定相続人には一定割合を相続する権利があり、遺留分と呼ばれます。

Q 遺留分はどのくらいですか。

A 法律で決まっています。例えば亡くなった人に配偶者と子2人がいるケースでは配偶者が4分の1、子は8分の1ずつです。遺留分より相続財産が少なくなった人は、財産を多く引き継いだ人に不足分を請求できます。相続の開始と遺留分の侵害を知ったときから1年以内に請求する必要があります。

相続税の仕組み
――「正味の財産」に応じ負担

誰かが亡くなると、通常、その人の財産を家族で分けて相続することになります。財産が一定以上の場合は相続税を納めなければなりません。以前はお金持ちが対象のイメージでしたが、納税者の裾野は広がっています。

Q　相続税とはどんな税ですか。

A　相続した財産の金額に応じて支払う税金のことです。収入や資産が多い人の富を再分配する役割があります。相続税は財産が多いほど納税額が増える仕組みになっています。一方で相続する財産が少なければ、税を払う必要はありません。

Q　どのくらいの財産があると相続税を払うのですか。

A　課税対象となる財産の総額が「基礎控除額」を超えた場合です。基礎控除額は法定相続人の数に600万円を掛けた金額に、3000万円を加えたものです。法定相続人は亡

相続する財産の分類例

資産	不動産	土地・家屋
	金融資産	現預金、有価証券など
	収集品など	貴金属、宝石、骨董品、絵画
非課税の資産	生命保険金・死亡退職金	それぞれ500万円×法定相続人の数まで
	礼拝するもの	お墓、仏壇など
債務など	借入金	各種ローン、個人間のものも
	葬式費用	埋葬や納骨の費用も含む
	未払い金	公共料金や医療費など

くなった人の配偶者や血族で、家族構成などで決まります。例えば、亡くなった人に妻と子2人がいた場合、法定相続人はその3人で、基礎控除額は4800万円です。課税対象となる財産の額がこの金額を上回ると、相続税がかかります。

Q 課税対象となる財産の額はどのように求めるのですか。

A 相続では不動産や現預金などの資産だけでなく、借入金などの負債も引き継ぎます。これらを足し引きした結果が課税対象となります。資産の主なものは家や土地、現預金や株式といった金融資産、宝飾品や絵画などでしょう。海外にある財産や特許権、著作権といったものも含まれます。それぞれ一定のルールに基づき価値を計算します。

Q 全ての資産が対象になるのですか。

A 基本的には金銭に見積もることができるすべ

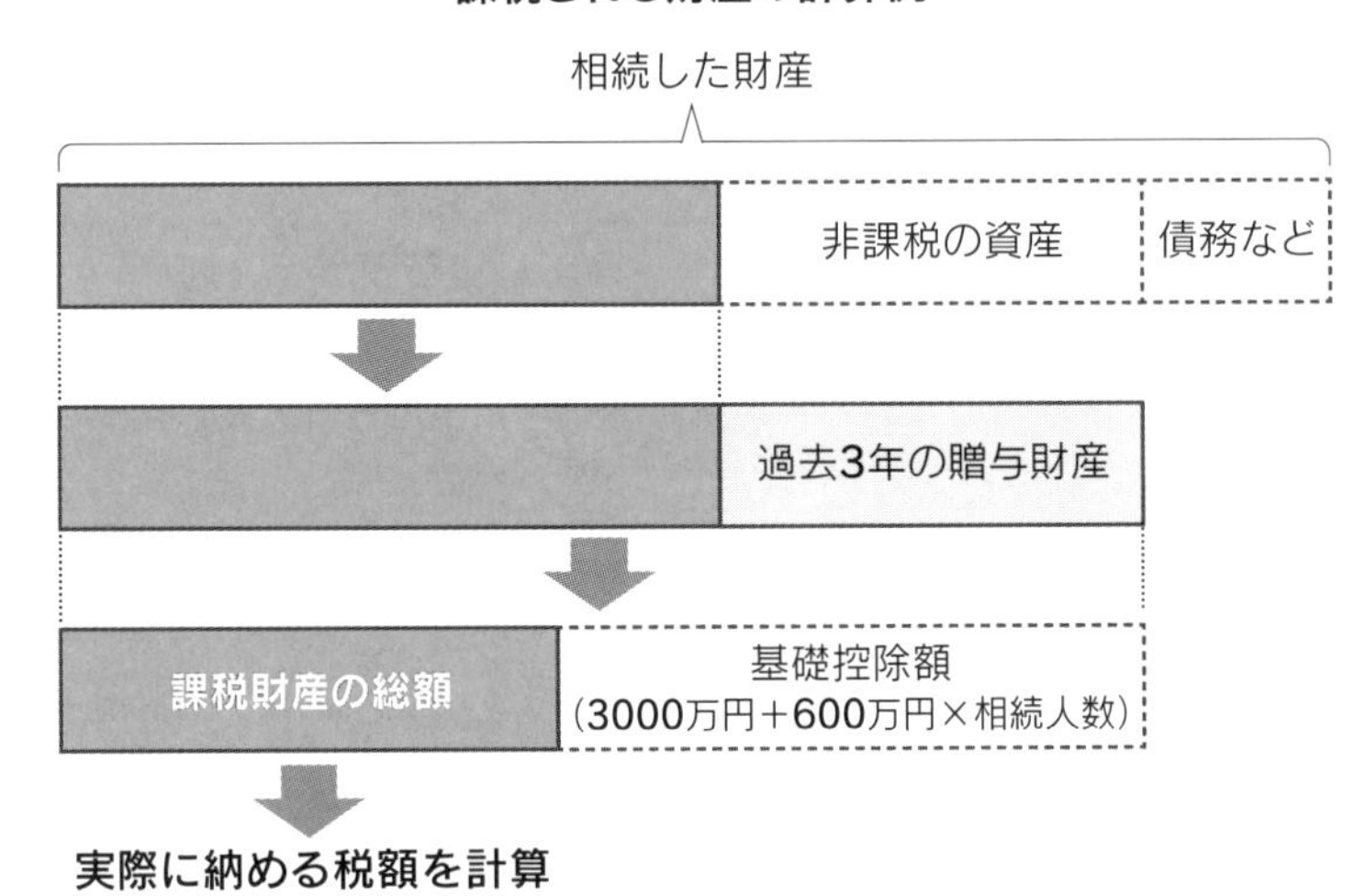

てです。ただし、墓や仏壇、亡くなった後に受け取る生命保険金（一定額まで）などは含まれません。次に資産の総額から借入金などの債務を引きます。葬式費用や公共料金などの未払い金も同様です。

Q　相続する側にプラスとなる正味の金額が分かりますね。

A　亡くなった人が過去3年内に相続人に対して贈与をしていたら、その分を財産に足します。生きている間に子どもなどに財産を贈与する人は少なくないですが、贈与がなかったものとみなされ相続税の対象となります。対象となる期間は今後3年内から7年内に段階的に延長されます。この結果から基礎控除額を引いた金額が、相続税の対象となります。

Q　相続税を納めるケースはどのくらいあるのですか。

A　国税庁によると、2021年に亡くなった人のうち、相続税がかかった割合は約9％でした。大和総研の主任研究員、是枝俊悟氏は「15年に基礎控除額が引き下げられ、課税対象となる割合が高まった」と言います。

Q　自分は関係なさそうです。

A　安心するのは早いかもしれません。課税された財産の4割程度は土地と建物です。この数年の地価の上昇により、都市部に持ち家がある場合などは相続税がかかる可能性が高まっています。

Q　相続税が払えるか心配です。

A　相続税には様々な特例があります。特例を利用した結果、相続税がゼロになる人も多いです。通常、相続税がかからない場合は申告の必要はありません。しかし、特例により相続税がゼロになる場合は申告書の提出が必要です。

Q　相続税の手続きの期限はいつまでですか。

A　相続開始を知った日（通常はその人が亡くなった日）の翌日から10カ月の間に相続税の申告と納税手続きをしなければなりません。亡くなった人の住所地を管轄する税務署に申告書と必要書類を提出します。それまでに相続人でどの財産を引き継ぐかなどを決め、必要な書類をそろえる必要があります。

相続での遺産分割協議
──合意の文書、手続きに利用

人が亡くなると、その人の財産（遺産）を親族らが引き継ぐ相続が発生します。相続で重要な作業の一つが遺産分割協議です。相続人全員が話し合い、遺産の分け方についての文書を作ります。

Q　遺産分割協議とは何ですか。

A　遺産について、何を、誰に、どれくらいずつ分けるのかを相続人が話し合うことです。亡くなった人（被相続人）が遺言を残さず、相続人が複数の場合に必要です。遺言で遺産の分け方を指定していたら、原則として遺言に従います。遺産分割協議をしないと遺産を相続人のものにできなかったり、各相続人が納める相続税額を決められなかったりします。

Q　どのような手順になるのですか。

A　遺産分割協議は相続人全員が参加しなければなりません。そのため、まずは相続人を確定します。被相続人の戸籍を生まれてから死亡するまで集めて、相続人を確定させます。

遺産分割の大まかな流れ

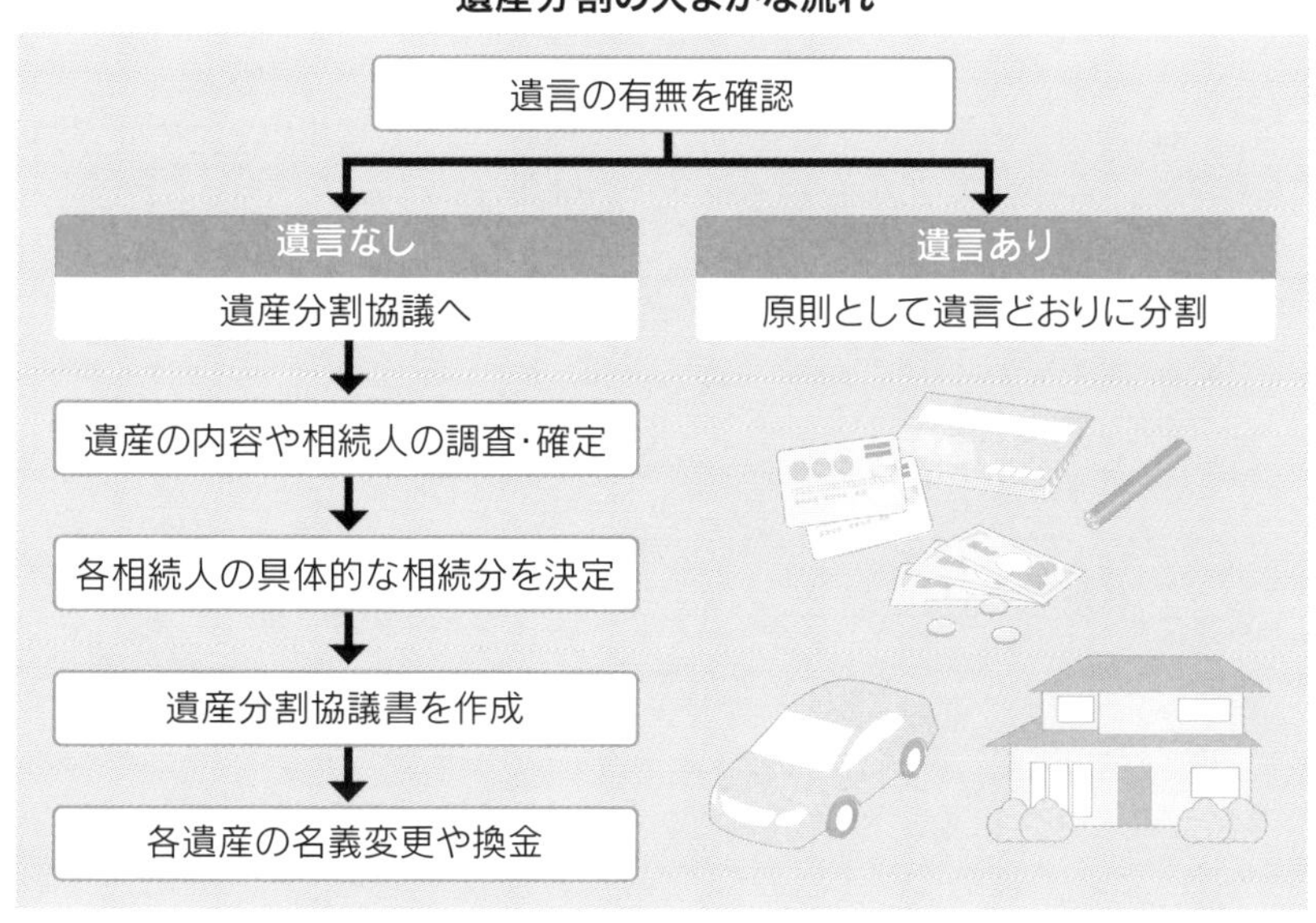

被相続人に配偶者がいる場合、通常は配偶者ともう1組が相続人になります。配偶者以外の1組は民法で順位が決まっています。子、親（祖父母）、兄弟姉妹の順です。

Q 他に必要なことは。

A 被相続人の財産を調べ、分割の対象となる遺産を確定させます。親が亡くなった場合は親名義の自宅（土地・建物）、預貯金、株式、投資信託、債券などの有価証券、金など貴金属、自動車などが主な対象です。なお生命保険の死亡保険金は対象財産には含まれません。被相続人の死亡を原因として支払われますが「受取人は保険契約で指定されている」（司法書士の三河尻和夫氏）からです。

Q 遺産の分け方にルールはありますか。

A 相続人全員が合意すれば分け方は自由です。

遺産分割協議書に記載する主な要素

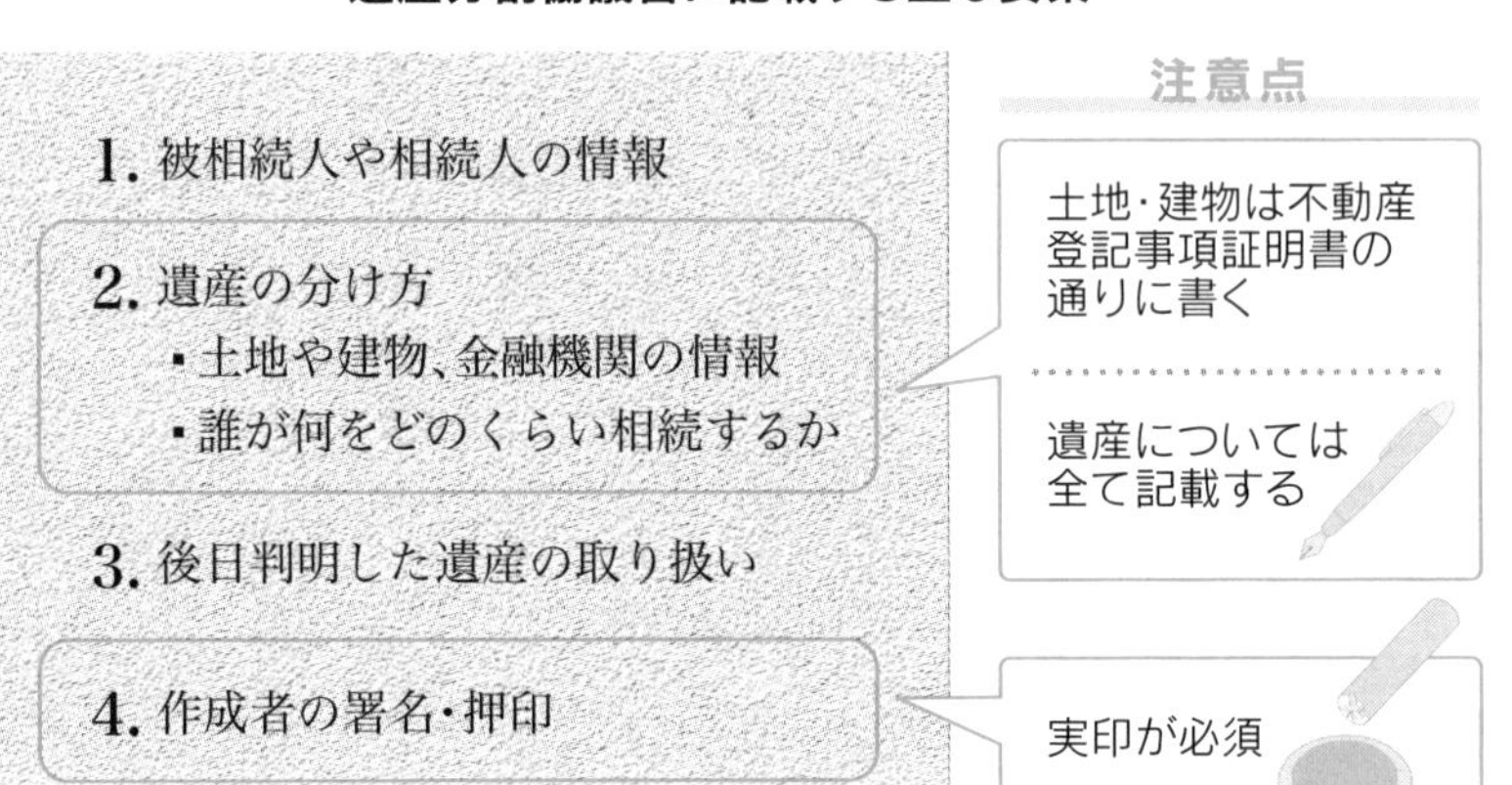

実際には相続人の組み合わせにより決まる法定相続割合を目安にすることが多いようです。被相続人から贈与を受けていた人や被相続人の介護をしていた人については、その分も考慮するのが一般的です。分け方が決まったら、その内容を記した「遺産分割協議書」を作成します。

Q　どんな書類ですか。

A　決まった書式はありません。ただ「誰が読んでも同じ受け止め方になるよう、はっきりと書く必要がある」と多くの弁護士や司法書士は話します。通常は遺産の全てについて、その相続人が何をどれだけ取得するかを明記します。さらに内容について確認したことを示す、相続人全員の署名と実印による押印が必要です。

Q　注意点はありますか。

A　司法書士の船橋幹男氏は不動産について記載する際に「不動産登記事項証明書（登記簿）の通りにするのが無難」といいます。登記簿には「地番」や「家屋番号」

があり、住所だけでは「対象の土地や建物を特定できないことが少なくない」（船橋氏）ためです。預貯金は金融機関・支店名、種類、口座番号、取得金額を書きます。

Q 細かいですね。

A 曖昧な内容はトラブルの原因になるためです。遺産分割協議書は財産を引き継ぐ手続きで使います。情報が不足していると金融機関での名義変更や換金などができないことがあります。

Q 後から財産が見つかった場合はどうなりますか。

A 相続人全員が合意すれば遺産分割協議をやり直します。実際には時間と労力を節約するため協議書に「後日発見された財産は特定の相続人のものにする」といった文言を入れるのが一般的です。

Q 協議はいつまでに終わらせなければならないのですか。

A 相続税の申告・納付期限である、相続を知った日の翌日から10カ月以内が目安になります。相続人による話し合いが複数回に及ぶこともあり、意外と時間はありません。話し合いがまとまらない場合は家庭裁判所の遺産分割調停や遺産分割審判により遺産の分け方を決めることもあります。

本書の執筆メンバー

デスク――長岡良幸

記者――川本和佳英
宮田佳幸
岸田幸子
安田龍也
後藤直久
土井誠司
藤井良憲
成瀬美和
阿部真也
大賀智子
神宮佳江
三好理穂
田中昴
勝莉菜乃

ゼロからわかる　マネーの常識

NISA、イデコから保険、税金、住宅ローンまで

2024年5月1日　1版1刷

編者 ―――― 日本経済新聞社

発行者 ―――― 中川ヒロミ

発行 ―――― 株式会社日経BP
日本経済新聞出版

発売 ―――― 株式会社日経BPマーケティング
〒105-8308　東京都港区虎ノ門4-3-12

装幀 ―――― 野網雄太（野網デザイン事務所）

本文DTP ―――― 株式会社オフィスアリーナ

印刷・製本 ―――― シナノ印刷株式会社

ISBN978-4-296-12017-8

本書籍に関するお問い合わせ、ご連絡は下記にて承ります。
https://nkbp.jp/booksQA

Printed in Japan